Selección, instalación, configuración y administración de los servidores multimedia

Enrique Bellido Quintero

Francisco Javier González Salcedo

ic editorial

Selección, instalación, configuración y administración de los servidores multimedia
© Enrique Bellido Quintero
© Francisco Javier González Salcedo

1ª Edición

© IC Editorial, 2025

Editado por: IC Editorial
c/ Cueva de Viera, 2, Local 3
Centro Negocios CADI
29200 Antequera (Málaga)
Teléfono: 952 70 60 04
Fax: 952 84 55 03
Correo electrónico: iceditorial@iceditorial.com
Internet: www.iceditorial.com

ISBN: 978-84-1184-668-4
Depósito Legal: MA 479-2025

Impresión: PODiPrint
Impreso en Andalucía – España

Nota de la editorial: IC Editorial pertenece a Innovación y Cualificación S. L.

Presentación del manual

El **Certificado de Profesionalidad** es el instrumento de acreditación, en el ámbito de la Administración laboral, de las cualificaciones profesionales del Catálogo Nacional de Cualificaciones Profesionales adquiridas a través de procesos formativos o del proceso de reconocimiento de la experiencia laboral y de vías no formales de formación.

El elemento mínimo acreditable es la **Unidad de Competencia.** La suma de las acreditaciones de las unidades de competencia conforma la acreditación de la competencia general.

Una **Unidad de Competencia** se define como una agrupación de tareas productivas específica que realiza el profesional. Las diferentes unidades de competencia de un certificado de profesionalidad conforman la **Competencia General,** definiendo el conjunto de conocimientos y capacidades que permiten el ejercicio de una actividad profesional determinada.

Cada **Unidad de Competencia** lleva asociado un **Módulo Formativo,** donde se describe la formación necesaria para adquirir esa **Unidad de Competencia,** pudiendo dividirse en **Unidades Formativas.**

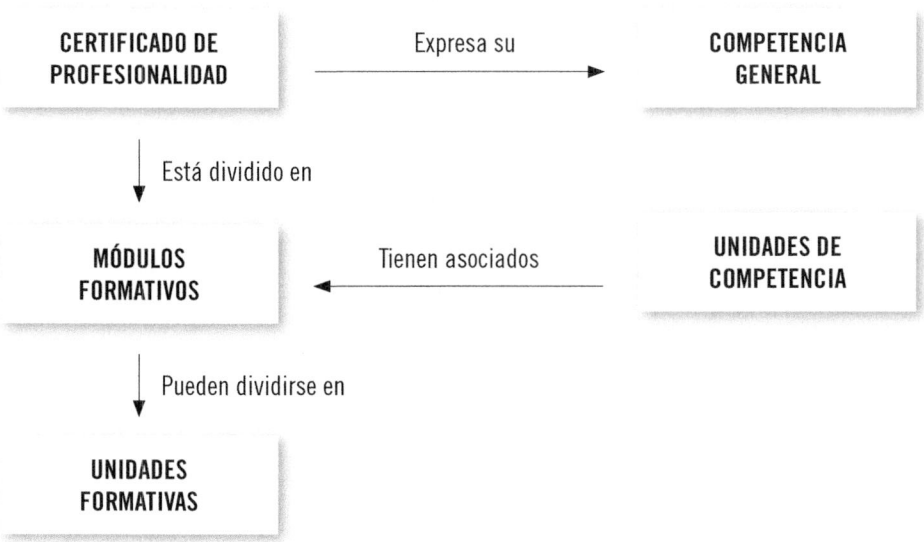

El presente manual desarrolla la Unidad Formativa **UF1276: Selección, insta-lación, configuración y administración de los servidores multimedia,**

perteneciente al Módulo Formativo **MF0497_3: Administración de servicios de transferencia de archivos y contenidos multimedia,**

asociado a la unidad de competencia **UC0497_3: Instalar, configurar y admi-nistrar servicios de transferencia de archivos y multimedia,**

del Certificado de Profesionalidad **Administración de servicios de internet.**

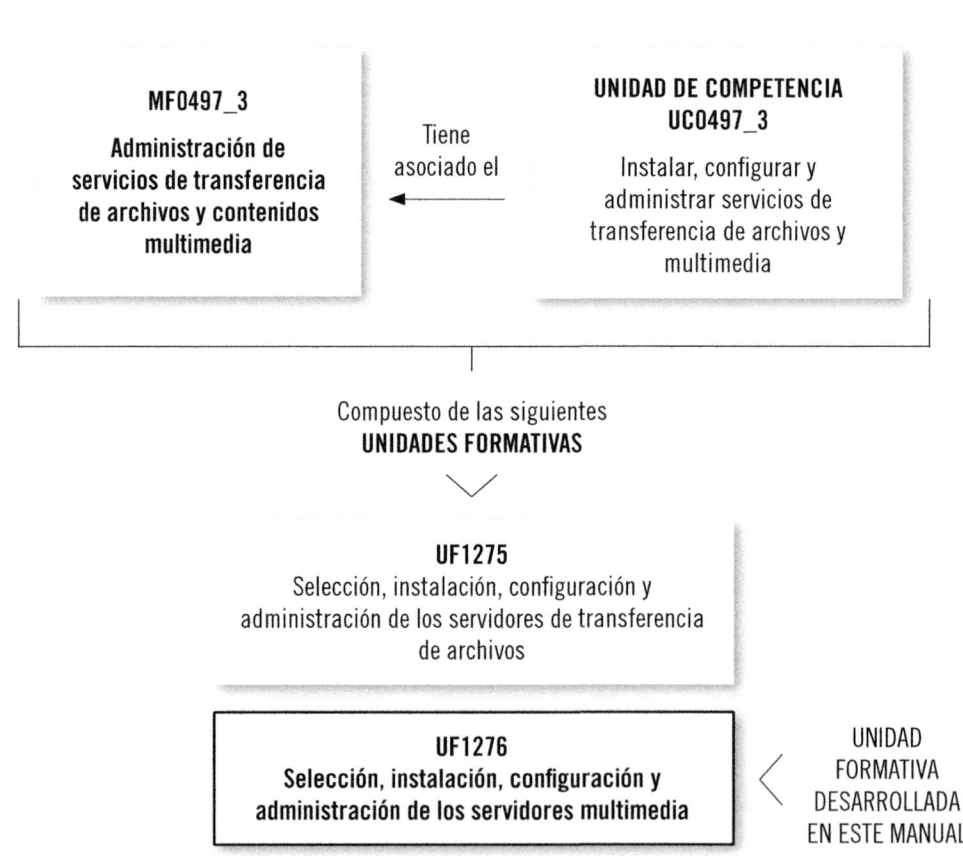

FICHA DE CERTIFICADO DE PROFESIONALIDAD

(IFCT0509) ADMINISTRACIÓN DE SERVICIOS DE INTERNET (R. D. 686/2011, de 13 de mayo modificado por R. D. 628/2013, de 2 de agosto)

COMPETENCIA GENERAL: Instalar, configurar, administrar y mantener servicios comunes de provisión e intercambio de información utilizando los recursos de comunicaciones que ofrece Internet.

Cualificación profesional de referencia		Unidades de competencia	Ocupaciones o puestos de trabajo relacionados:
IFC156_3 ADMINISTRACIÓN DE SERVICIOS DE INTERNET (R. D. 1087/2005, de 16 de septiembre)	UC0495_3	Instalar, configurar y administrar el software para gestionar un entorno Web	• Administrador de servicios de Internet • Administrador de entornos Web (webmaster) • Administrador de servicios de mensajería electrónica (postmaster) • Técnico de sistemas de Internet
	UC0496_3	Instalar, configurar y administrar servicios de mensajería electrónica	
	UC0497_3	Instalar, configurar y administrar servicios de transferencia de archivos y multimedia	
	UC0490_3	Gestionar servicios en el sistema informático	

Correspondencia con el Catálogo Modular de Formación Profesional

Módulos certificado	Unidades formativas	Horas
MF0495_3: Administración de servicios Web	UF1271: Instalación y configuración del software de servidor Web	90
	UF1272: Administración y auditoría de los servicios Web	90
MF0496_3: Administración de servicios de mensajería electrónica	UF1273: Selección, instalación y configuración del software de servidor de mensajería electrónica	60
	UF1274: Administración y auditoría de los servicios de mensajería electrónica	60
MF0497_3: Administración de servicios de transferencia de archivos y contenidos multimedia	UF1275: Selección, instalación, configuración y administración de los servidores de transferencia de archivos	70
	UF1276: Selección, instalación, configuración y administración de los servidores multimedia	50
MF0490_3: Gestión de servicios en el sistema informático		90
MP0267: Módulo de prácticas profesionales no laborales		80

Índice

Capítulo 4
Auditoría del servicio multimedia

Capítulo 1
Características de los distintos servidores de transferencia de archivos multimedia

Contenido

1. Introducción

En el mundo en el que hoy vivimos prácticamente todo está conectado. La necesidad de comunicarnos hace que dispongamos continuamente de servicios de red, ya sea en hogares, pequeñas oficinas o grandes empresas.

El disponer de servicios de red facilita a todo el mundo tener acceso a información rápidamente independientemente de la ubicación en la que se encuentre y el dispositivo que utilice. Un tipo de información al que se puede acceder son los archivos multimedia.

Para realizar este tipo de conexiones y disfrutar del contenido de los archivos multimedia existe una serie de protocolos, decodificadores, reproductores, etc., que se tratarán en este primer capítulo.

2. Tipos de archivos y contenidos multimedia

Los archivos multimedia son aquellos que integran, emplean o soportan sonido, imágenes, vídeo, animaciones, textos, etc., y se emplean para difundir información de forma interactiva.

Tipos de archivos multimedia

Desde el punto de vista informático, se distinguen principalmente tres tipos de archivos multimedia: imagen, audio y vídeo.

Cada archivo multimedia tiene un formato. El formato es la forma en la que se codifica la información en un soporte informático.

En los archivos multimedia, la principal característica que distingue a unos de otros suele ser la compresión.

Los formatos que no realizan compresión no pierden calidad pero son de mucho mayor tamaño, lo que conlleva que ocupen mayor espacio en disco o en cualquier soporte físico de almacenamiento. Tampoco suelen necesitar complementos adicionales para su ejecución y reproducción.

Los formatos comprimidos transforman el archivo en otro de menor tamaño, siendo muy elevada la reducción en la mayoría de ocasiones. Los archivos comprimidos tienen mucha utilidad, ya que al reducir el tamaño, además de ocupar menor espacio, tardan menos en ser descargados y subidos a la red o en ser transferidos entre equipos.

Tienen como desventaja que, para ser descomprimidos, requieren de un tiempo de procesamiento superior y pueden requerir algún complemento adicional para su reproducción, como determinados códecs, programas que compriman y descompriman, *software* reproductores, etc.

2.1. Archivos de imagen

La unidad mínima de una imagen digital es un píxel, el cual es un pequeño punto. Los píxeles son todos los puntos que forman una imagen. Cuantos más puntos tenga una imagen, mayor será su detalle.

Píxeles en una pequeña zona de la imagen

 Definición

Códec
COdificador/DECodificador: es la utilidad que por medio de un conjunto de algoritmos consigue reducir el tamaño de un vídeo o audio sin apreciarse apenas pérdida de calidad a la hora de reproducirse.

Otras características relativas a los archivos de imagen son:

- **La resolución de imagen:** se refiere al número de píxeles a lo ancho y largo de una imagen. Mientras más píxeles tenga una pantalla, mayor será la calidad.
- **La profundidad de colores:** es el número de colores que pueden verse a la vez en una imagen. Las imágenes más reales necesitan un mayor número de colores, lo que conlleva un aumento del tamaño del archivo. Los sistemas pueden mostrar millones de colores dependiendo del *hardware* del ordenador y de su tarjeta gráfica.

Los formatos más comunes de archivos de imágenes son los siguientes:

- **JPEG o JPG:** debe sus siglas al grupo de creadores Joint Photographic Experts Group. Comprime imágenes con una mínima pérdida de resolución. Se puede decir que la reducción no es susceptible al ojo humano, porque la calidad de las imágenes se mantiene intacta prácticamente. Es el formato más común junto con GIF para sitios web y el que más utilizan las cámaras fotográficas digitales y otros dispositivos de imagen. Aunque puede seleccionarse el grado de compresión, la compresión habitual suele ser de 1 *byte* por cada 10 *bytes* de información. Cuanto más se comprima, menor calidad imagen se obtendrá.
- **BMP:** en principio fue creado por Microsoft para sus sistemas operativos, pero actualmente está normalizado, reproduciéndose en la mayoría de plataformas y aplicaciones. Este tipo de archivos no es comprimido, lo que puede convertirlos en archivos de mucho peso, ya que es capaz soportar hasta 24 bits de profundidad, dando como resultado una buena calidad. Debido al tamaño, pocas veces es utilizado en páginas web, ya que retardaría el tiempo de carga de las imágenes y de la propia página.
- **TIFF:** formato de archivo de imagen que soporta etiquetas. Tiene la capacidad de ser opcional guardar imágenes con compresión o sin compresión. Debido a su alta profundidad de color y compresión sin pérdida puede almacenar imágenes de una calidad excelente. También dispone de la posibilidad de incluir etiquetas. En dichas etiquetas se incluye información sobre la imagen. Su desventaja es el tamaño. Es ideal para la edición de imágenes, imprimir o conservar imágenes a gran calidad.
- **GIF:** es mayoritariamente el formato utilizado para imágenes animadas en Internet, al ser posible almacenar más de una imagen por archivo, creando pequeños vídeos formados por sucesivas imágenes que se repiten.

Diferentes secuencias que pueden empaquetarse en una sola imagen por medio de GIF.

Las imágenes GIF tienen como carencia que soportan entre 2 y 256 colo-res (2, 4, 8, 16, 32, 64, 128 o 256) de entre los 16 millones de su pale-ta. Esto da como resultado una pérdida en la calidad, pero una alta capa-cidad de compresión, siendo capaz de crear archivos de pocos *kilobytes.*

■ **RAW:** es un formato que genera archivos que contienen todos los datos de una imagen tal y como la capta el sensor digital de una cámara fo-tográfica. Cada fabricante de cámaras digitales tiene su propio modelo RAW, por lo que no está estandarizado y lleva a númerosos errores y problemas de compatibilidades para leer este tipo de archivos.

■ **PNG:** es un formato de archivos de gráficos de mapa bits que tiene como características principales la compresión sin pérdida de calidad y la ca-pacidad de tener transparencia. Se desarrolló como alternativa gratuita al formato GIF, y en la actualidad está siendo cada vez más utilizado para sustituirlo en las páginas web.

Nombre	Tamaño	Tipo	Fecha de modifi...
Flores	1.021 KB	Imagen PNG	18/03/2013 10:42
Cielo	235 KB	Archivo BMP	18/03/2013 10:42
Nenúfares	1.423 KB	Archivo TIF	18/03/2013 10:42
Lluvia	119 KB	Imagen GIF	18/03/2013 10:41
Puesta de sol	70 KB	Imagen JPEG	20/08/2004 13:00

Archivos de imagen con diferentes formatos

Sabía que...

Joint Photographic Experts Group es un comité integrado por expertos de varias agrupaciones de imágenes y fotografía que se creó para establecer un estándar de compresión codificado de archivos e imágenes fijas.

Otros formatos de imagen menos destacados son:

- **PSD:** formato generado al tratar imágenes con *Photoshop.* Su gran inconveniente es que su uso es exclusivo de dicho programa, aunque desde el propio programa puede ser exportado a JPG, TIFF, PNG, BMP, etc.
- **XCF:** formato generado en el tratamiento de imágenes con GIMP, el cual es el *software* libre más extendido y profesional para la edición de imágenes.

Imagen editada en GIMP

- **WMF:** formato de *Microsoft* basado en el sistema vectorial.
- **ODG:** imágenes pertenecientes a *OpenOffice.*
- **ICO:** pequeñas imágenes que se utilizan en entornos de *Windows,* normalmente para ser asignados al icono de algún programa o utilidad.
- **DWG:** formato de dibujo vectorial muy extendido. Es generado por *AutoDesk.*

2.2. Archivos de audio

Al igual que sucede con las imágenes, existen numerosos tipos de archivos de audio y no todos pueden escucharse o depender de un solo reproductor.

Los archivos de audio, al ser comprimidos, sacrifican parte de la calidad, pero puede resultar poco o nada apreciable dicha reducción.

Los formatos más comunes de archivos de audio son:

- **MP3:** monopoliza prácticamente el audio digital por su alto grado de compresión y calidad. Puede lograr una compresión once veces menor a la del archivo de audio original.

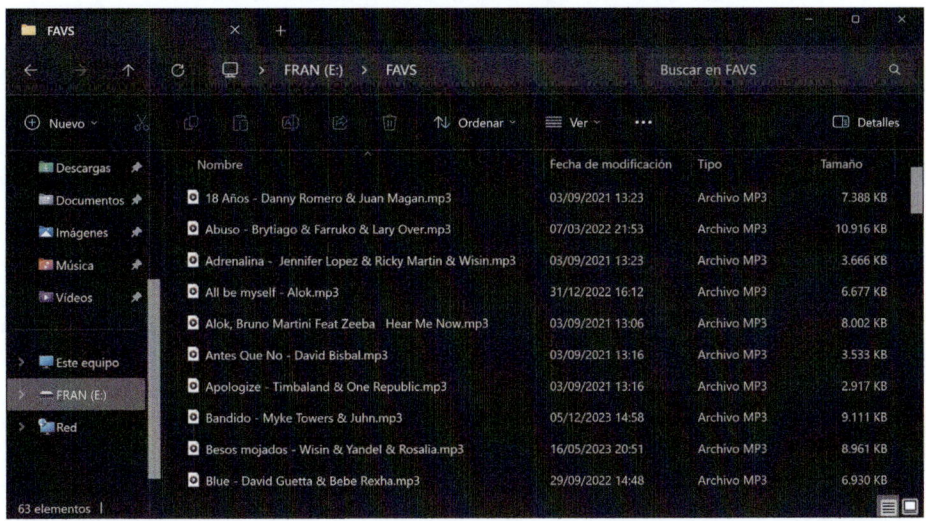

Archivos MP3 almacenados en una carpeta

En sus orígenes, su problema residía en que necesitaba de lectores específicos descompresores de dicho formato, pero actualmente está extendido a la mayoría o todos los reproductores y herramientas de audio, fuera incluso del ámbito informático.

- **WAV:** formato de audio sin compresión desarrollado por Microsoft e IBM. Su calidad de audio resulta excelente, por lo que es ideal para guardar audios originales. El problema está en que son de gran tamaño, en torno a 10 Mb por minuto, aunque se pueden reducir un poco modificando la calidad. Es muy poco utilizado en Internet por el peso, pero está muy estandarizado al ser un formato procedente de Microsoft.

- **AAC:** archivos con gran compresión y pérdida de señal digital de audio, aunque se obtiene un buen rendimiento y calidad. Apple utiliza dicho formato como el principal para sus dispositivos y *software iTunes.*
- **FLAC:** es un formato de audio sin pérdida, que ofrece una calidad de sonido de alta fidelidad. Aunque los archivos FLAC tienen un tamaño de archivo más grande que los formatos con pérdida como MP3, conservan toda la información de audio original sin compromiso de calidad.

Otros archivos de audio son:

- **REC:** formato de audio que proviene de grabadoras de voz.
- **OGG:** es un formato de audio de código abierto y sin pérdida, que ofrece una calidad de sonido similar al MP3, pero con un tamaño de archivo más pequeño. Es ampliamente utilizado en aplicaciones multimedia y juegos.

Definición

Programas P2P *(peer to peer)*
Programas que permiten a los internautas intercambiar entre sí archivos. Normalmente se trata de vídeos, audio o música.

2.3. Archivos de vídeo

Antes de comenzar a describir los formatos de vídeo existentes, es conveniente definir el **formato contenedor multimedia.**

Un formato contenedor multimedia es un formato de archivo que puede estar formado por varios tipos de datos y puede identificar, por ejemplo, por un lado audio y por otro vídeo, siendo posible su interpolación y compilación. Otro tipo de elementos que puede almacenar son subtítulos.

Es capaz de realizar la compresión de cada tipo de archivo por separado, lo que puede ser muy útil en función de la finalidad del archivo. Si se trata de un videoclip musical, interesaría que los datos de audio sufrieran poca pérdida de calidad; pero si se maneja un vídeo relacionado con el deporte, predominaría la calidad del vídeo.

Para conseguir reducir el tamaño de un archivo con formato de vídeo existen varias opciones, entre ellas:

- **Reducir la dimensión:** al igual que las imágenes, se puede reducir el número de puntos o píxeles, lo que conlleva a una pérdida de calidad y definición.
- **Cambiar la profundidad de color y vídeo:** se puede conseguir quitando bits por píxel, o comprimiendo aún más el vídeo.

Los principales formatos de vídeo son:

- **MP4 (MPEG-4):** es uno de los formatos de vídeo más populares y versátiles. Ofrece una excelente calidad de vídeo y es compatible con una amplia variedad de dispositivos y plataformas. Puede contener vídeo, audio, subtítulos y metadatos en un solo archivo.
- **AVI:** es un formato contenedor de audio y vídeo desarrollado por Microsoft. Los datos de audio y vídeo se almacenan consecutivamente en capas, un segmento de vídeo es inmediatamente seguido por otro de audio. Este flujo de datos es posteriormente interpretado y descomprimido por diferentes códecs.
Se obtiene una buena calidad aunque resulta pesado.
- **MOV:** es un formato creado por Apple. Este tipo de formato en sus últimas versiones incluye películas en 3D.
Técnicamente, puede contener datos de otros formatos como MP3, JPEG, DivX, etc.
- **MKV-Matroska:** se trata de un formato libre que está teniendo apoyo por parte de muchas empresas. Es un contenedor que puede envolver audio,

vídeo y subtítulos en un mismo paquete. Presenta algunas características interesantes como:

- Almacenar distintos idiomas en audio y subtítulos.
- Ripear archivos de vídeo Blu-ray de un tamaño de 25 GB en torno
  a 4-10 GB.

2.4. Contenidos multimedia

El término **multimedia** hace referencia a aquellos objetos de contenido in-
formativo que se utilizan en una transmisión.

Los tipos de contenido e información multimedia más habituales son:

- Textos.
- Gráficos.
- Sonido.
- Vídeo.
- Animaciones

Contenidos multimedia				
Texto	Sonido	Imagen	Animación	Vídeo

Tanto para la edición como para la transmisión y la reproducción de este
tipo de contenido existen múltiples aplicaciones especializadas en uno o determinados tipos de contenidos.

 **Actividades**

1. ¿Qué es un píxel?
2. ¿Cuáles son los formatos de imagen más utilizados en Internet?
3. ¿Cómo se puede reducir el tamaño de un archivo con formato de vídeo?
4. Realice un breve esquema en el que se incluyan los principales formatos de imagen, audio y vídeo.

3. Protocolos específicos de transferencia de archivos multimedia

Los dos grandes protocolos para la transferencia de archivos multimedia a nivel general en red son TCP y UDP.

3.1. Protocolo TCP (protocolo de control de transmisión)

TCP es uno de los protocolos de transporte principales, orientado a conexión, siendo el principal para el envío de datos en Internet. Ofrece una alta confiabilidad, sin problemas de flujo y un bajo nivel de errores.

El protocolo TCP realiza una comunicacion entre el origen y el destino a la vez que va empaquetando la información de la capa de aplicación en pequeños paquetes conocidos como **segmentos.**

TCP realiza un seguimiento de la cantidad de segmentos que se envían a un *host* específico. Si transcurrido un tiempo el *host* emisor no recibe un acuse de recibo confirmándose la entrega, este vuelve a enviar únicamente los segmentos que se perdieron, no toda la información, hasta confirmarse la entrega al receptor. Los segmentos se enumeran en secuencias y pasan al proceso IP para armarse en paquetes. Para que la comunicación se establezca sin problemas entre dos aplicaciones es necesario que los puertos TCP correspondientes estén abiertos.

Formato de un segmento TCP

0	4	10	16	24	31

Puerto TCP origen			Puerto TCP destino		
Número de secuencia					
Número de reconocimiento					
longc	reservado	código	ventana		
checksum			puntero a datos urgentes		
opcionEs (Ej.: MSS)				relleno	
DATOS					

Dos ordenadores, normalmente un cliente y un servidor, establecen la comunicación mediante el mecanismo conocido como **negociación.**

La relación entre IP y TCP resulta importante, ya que IP indica el camino a los paquetes y TCP garantiza un transporte seguro.

Las características más destacadas del protocolo TCP son las siguientes:

- Permite colocar en el orden adecuado los datagramas cuando provienen del protocolo IP.
- Permite que los datos se formen en segmentos de longitud variable.
- Analiza el flujo de datos para evitar que la red se sature.
- Multiplexa datos, es decir, permite la circulación simultánea de información que viene de diferentes fuentes.

3.2. Protocolo UDP (Protocolo de Datagramas de Usuario)

UDP *(user datagram protocol)* es un protocolo de transporte no orientado a conexión. No proporciona detección de errores, ya que trabaja sin acuse de recibo, de manera que no hay verificación de la distribución de segmentos.

Es conocido como **protocolo sin conexión** o **no orientado a conexión** porque el equipo remitente envía datos sin avisar previamente al equipo receptor, y este recibe los datos sin enviar una confirmación de la recepción.

Pero se considera un protocolo de máximo esfuerzo, siendo muy probable que los datagramas lleguen a su destino, aunque es posible que de forma desordenada o que se pierdan algunos o todos.

UDP transmite segmentos en un encabezado de 8 *bytes* seguido de la carga útil compuesto por los siguientes campos:

- **Puerto de origen:** es el número de puerto que utiliza la aplicación del remitente del segmento.
- **Puerto de destino:** número de puerto que corresponde a la aplicación del equipo receptor.
- **Longitud:** indica la longitud total del segmento. Incluye el encabezado de 8 *bytes* y los datos.
- **Suma de comprobación:** permite controlar la integridad del segmento.

Puerto origen (16 bits)	Puerto destino (16 bits)
Longitud (16 bits)	Suma de verificación (16 bits)
Datos (variable hasta 64 bits)	

Las aplicaciones que trabajan con UDP toleran pequeñas pérdidas de datos. Generalmente es usado por aplicaciones de transmisión de vídeo y voz. Las radios o televisiones que emiten en Internet son algunas de las aplicaciones que suelen trabajar con UDP. Si se pierde algún paquete la retransmisión no vuelve a comenzar, ni retrocede al momento exacto donde se perdió, sino que continua la retransmisión en tiempo real tan pronto como vuelva a recibir paquetes.

Las principales diferencias entre TCP y UDP son la cantidad de sobrecarga que presentan y las funciones específicas que implementan cada protocolo.

UDP tiene una sobrecarga mucho menor respecto a TCP, dado que no está orientado a conexión y no brinda mecanismos tan específicos de transmisión, secuencia y transmisión de flujo como TCP.

Otra diferencia destacable es la composición de ambos encabezados y la porción de comunicación que emplean: TCP trabaja con segmentos y UDP con datagramas. Los segmentos TCP tienen 20 *bytes* de sobrecarga para encapsular datos de la capa de aplicación, mientras que UDP solo requiere 8 *bytes* de sobrecarga.

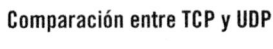

Comparación entre TCP y UDP

Segmento TCP

Bit (0)	**Bit (15)**	**Bit (16)**	**Bit (31)**	
Puerto de origen (16)		Puerto de destino (16)		
Número de secuencia (32)				
Número de acuse de recibo (32)				20 bytes
Longitud del encabezado (4) Reservado (5) Bits de código (6)		Ventana (16)		
Checksum (16)		Urgente (16)		
Opciones (0 o 32 sí las hay)				
DATOS DE LA CAPA DE APLICACIÓN (el tamaño varía)				

Diagrama UDP

Bit (0)	**Bit (15)**	**Bit (16)**	**Bit (31)**	
Puerto de origen (16)		Puerto de destino (16)		8 bytes
Longitud (16)		Checksum (16)		
DATOS DE LA CAPA DE APLICACIÓN (el tamaño varía)				

En ocasiones puede no ser posible el envío o la recepción de contenido multimedia porque los puertos UTP o TCP no se encuentran abiertos, siendo el Firewall quien no les da paso.

Para abrir cualquier puerto de entrada o salida hay que ir a **Panel de control** y seleccionar **Firewall de Windows Defender.**

En la ventana de **Firewall de Windows Defender** hacer **clic** en **Configuración avanzada.** En la parte izquierda hay un panel con las opciones **Reglas de entrada** o **Reglas de salida.** A continuación hacer **clic** con el botón derecho sobre cualquiera de ellas en función de si se quiere enviar o entrar datos y seleccionar **Nueva regla.**

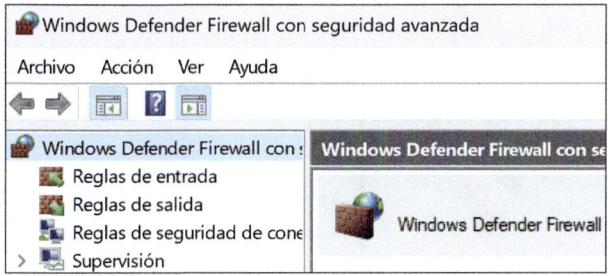

Por último, solo hay que marca la casilla **Puerto,** indicar si se aplica sobre UDP o TCP e introducir el número de puerto en el campo **Puertos locales específicos.**

Asistente para nueva regla de salida ×

Protocolo y puertos

Especifique los puertos y protocolos a los que se aplica esta regla.

Pasos:

- Tipo de regla
- Protocolo y puertos
- Acción
- Perfil
- Nombre

¿Se aplica esta regla a TCP o UDP?

- **○ TCP**
- ○ UDP

¿Se aplica esta regla a todos los puertos remotos o a unos puertos remotos específicos?

- ○ **Todos los puertos remotos**
- ● **Puertos remotos específicos:** 443

Ejemplo: 80, 443, 5000-5010

Abriendo el puerto TCP 443

En *Ubuntu,* el cortafuegos se llama Gufw, y por defecto no está incluido en el sistema operativo, pero está disponible en el centro de *software* de *Ubuntu.*

Una vez disponible es sencillo de utilizar. Mediante el signo **+** se añaden nuevas reglas, y en la ventana **Configuración: Añadir regla** se establecen las normas.

Seleccionando Allow se permitirán las comunicaciones por el número de puerto que se establezca. Si se selecciona Deny serán denegadas.

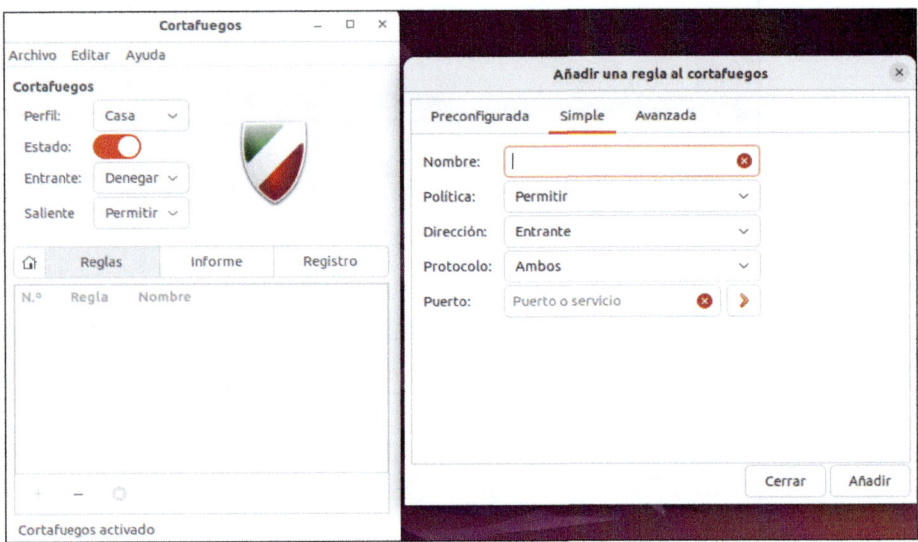

Gufw en Ubuntu

3.3. Protocolo RTSP *(Real Time Streaming Protocol)*

RTSP es un protocolo de la capa de aplicación no orientado a conexión que utiliza de forma conjunta los protocolos UDP y TCP para transmisiones en tiempo real.

RTSP gestiona básicamente entre dos puntos finales (normalmente, un cliente y un servidor) el flujo de datos de vídeo o audio para reproducciones en directo.

Protocolo RTSP empleado en un servidor de Windows Media

En una sesión RTSP común los intercambios se producen de la siguiente manera:

1. El cliente envía una petición RTSP con formato HTTP al servidor del *streaming*. Normalmente, mediante TCP se envía una petición solicitando datos al servidor para configurar una sesión.
2. Establecida la sesión, el cliente pide una presentación definida de lo que se va a reproducir y el servidor debe responder con los valores de inicialización necesarios.
3. A continuación, se solicita la configuración para cada flujo de datos que se quiera reproducir.
4. Una vez conocidos todos los datos y establecidas las configuraciones, el cliente puede pedir al servidor que comience el envío de datos para la reproducción.

3.4. Protocolo RTCP *(Real Time Control transport Protocol)*

RTCP es un protocolo en tiempo real que se basa en transmisiones constantes y fijas de paquetes de control entre todos los participantes de la sesión.

Su uso se limita a transmitir mensajes en una sesión multimedia para informar sobre la calidad del servicio mientras los datos multimedia trabajan con el protocolo RTP.

RTCP trabaja conjuntamente con RTP de la siguiente manera:

- Un servidor o emisor emplea RTP para crear paquetes con contenido multimedia para ser enviados a uno o varios receptores.
- El contenido multimedia se crea en un flujo de paquetes UDP para enviarse.
- Los receptores crean paquetes mediante el protocolo RTCP en los que envía información acerca de la calidad de los datos distribuidos por el emisor para seleccionar el intervalo de tiempo adecuado y conseguir la sincronización de los flujos de paquetes (por ejemplo, audio y vídeo)

3.5. Protocolo RTP *(Real Time transport Protocol)*

RTP se utiliza normalmente junto con RTSP para realizar la entrega de paquetes de datos multimedia. Emplea el protocolo UDP para las transmisiones, lo que quiere decir que puede resultar poco fiable.

Su objetivo principal es conseguir la correcta transmisión de datos en tiempo real de archivos de audio, vídeo, etc. Es capaz de reordenar la información de voz o vídeo incluso cuando los paquetes llegan desorganizados o confusos.

RTP permite:

- Conocer el tipo de información que se transporta.
- Agregar marcadores temporales que indican el momento de emisión del paquete para así medir los retardos.
- Insertar números de secuencia a la información que se transporta para la detección de la pérdida de paquetes.
- Transportar paquetes *multicast* para establecer conversaciones con múltiples destinos.

Actividades

5. Investigue en Internet las utilidades más comunes de los protocolos TCP y UDP.
6. ¿Cuáles son los principales protocolos de acceso multimedia?
7. ¿Cuál es la principal diferencia entre TCP y UDP?

Aplicación práctica

¿Cómo abriría los puertos UDP 1755 y 5005 para enviar y recibir solicitudes de clientes?

SOLUCIÓN

1. Ir a **Panel de control** y abrir **Firewall de Windows Defender.** Hacer clic en la opción **Configuración avanzada.**
2. A continuación, hacer clic con el botón derecho sobre **Regla de entrada** y seleccionar **Nueva regla...**
3. En la nueva ventana desplegada seleccionar Puerto y hacer clic en el botón **Siguiente.**
4. Por último, activar la casilla UDP e introducir 1755 en el campo **Puertos locales específicos.**

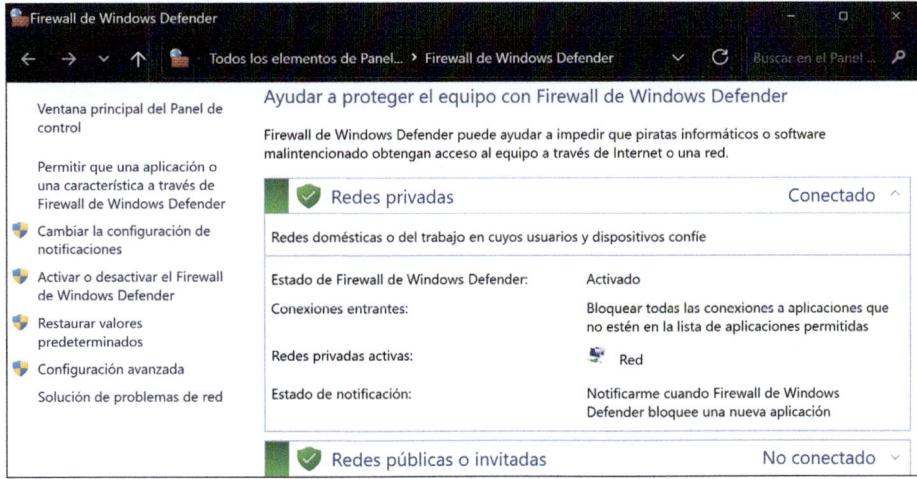

Continúa en página siguiente >>

<< Viene de página anterior

Hay que realizar el mismo proceso pero seleccionando en el paso 2 **Regla de salida**. Estos dos mismos procesos se repiten, pero esta vez introduciendo el número de puerto 5005 en el paso 4.

4. Aplicaciones para servicios multimedia

Existen numerosos reproductores multimedia que proporcionan una interfaz intuitiva y fácil de manejar para cualquier usuario que desee reproducir un archivo multimedia digital. Pero según el reproductor del que se disponga, dependerá que se reproduzcan diversos formatos como MP3, AVI, MKV, etc., aunque también influyen los códecs instalados y el *hardware* del equipo.

Los códecs pueden obtenerse fácilmente en Internet por medio de paquetes completos (por ejemplo, K-Lite Codec), o de forma independiente.

El paquete K-Lite Codec puede descargarse desde la siguiente dirección: www.codecguide.com/download_kl.htm. Solo hay que seleccionar uno de los paquetes que ofrecen: básico, *standard,* completo y mega. Los paquetes completo y mega en principio están destinados a usuarios que necesitan reproducir formatos muy específicos.

Basic	Small but extremely powerful!	**Download Basic**
	Contains everything you need to play all popular audio and video file formats.	Contents
	Supports playback of:	Changelog
	• AVI, MKV, MP4, FLV, MPEG, MOV, TS, M2TS, WMV, RM, RMVB, OGM, WebM • MP3, FLAC, M4A, AAC, OGG, 3GP, AMR, APE, MKA, Opus, Wavpack • and much more!	
	Provides lots of useful functionality, such as:	
	• Subtitle display • Hardware accereration (DXVA/CUVID/QuickSync) • Audio bitstreaming • Video thumbnails in Explorer • File association options • Broken codec detection • and much more!	
Standard	Same as Basic, plus:	**Download Standard**
	• Media Player Classic Home Cinema (MPC-HC) • MadVR • MediaInfo Lite	Contents
		Changelog
	This is the **recommended** variant for the average user.	
Full	Same as Standard, plus:	**Download Full**
	• GraphStudioNext • A few additional DirectShow filters: ffdshow, Haali Media Splitter, VP7, DScaler5, DC-Bass Source	Contents
		Changelog
Mega	Same as Full, plus:	**Download Mega**
	• Several ACM and VFW codecs for video encoding/editing • A few additional DirectShow filters: AC3Filter • A few extra small tools	Contents
		Changelog

Paquetes básico, standard, completo y mega de K-Lite

Su proceso de instalación es sencillo. Una vez descargado uno de los paquetes hay que ejecutar dicho archivo y seguir el asistente.

El primer paso será escoger el método de instalación.

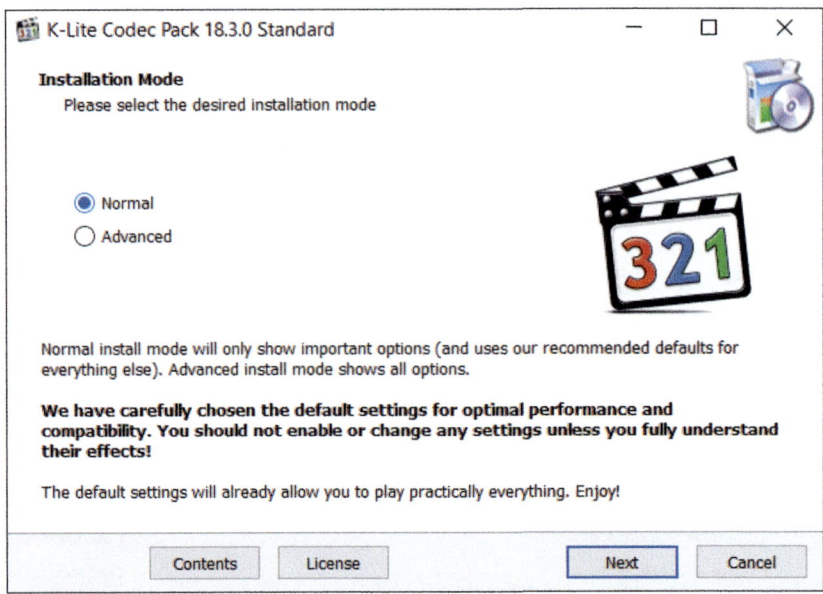

Paquetes básico, standard, completo y mega de K-Lite

En el siguiente paso se puede especificar a qué reproductor se desea aso-
ciar la funcionalidad de dichos códecs.

Instalación de K-Lite

Se seleccionan las características adicionales que se quieran instalar.

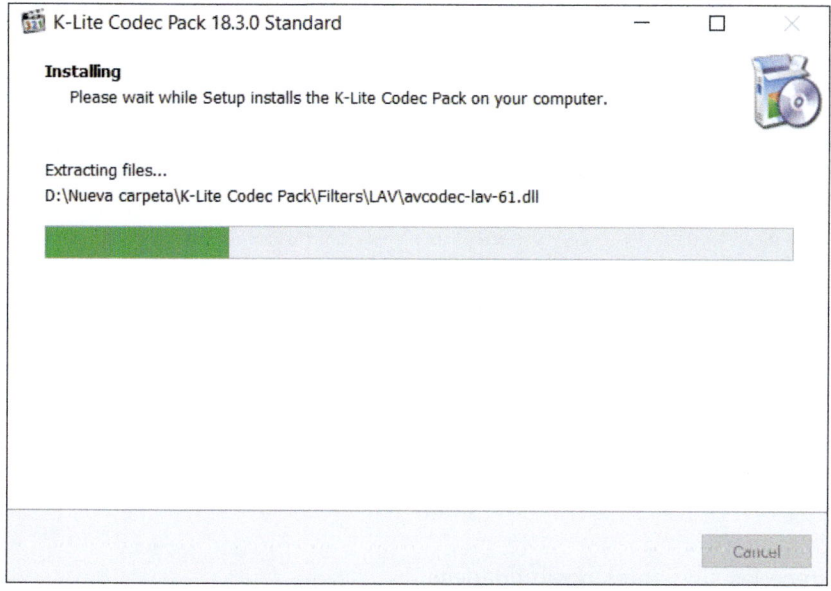

Una vez instalados, el reproductor al que haya sido asociado podrá reproducir ciertos formatos que antes no podía.

En los siguientes apartados se tratarán las principales aplicaciones para servicios multimedia.

4.1. *Windows Media*

Windows Media Player fue el clásico reproductor que incluía *Windows* desde 1995. Su última versión fue la 12. *Microsoft* decidió apostar por otras aplicaciones a partir de *Windows 10,* llamadas Películas y TV (orientada al alquiler/compra de películas y series) y Reproductor multimedia (orientada a reproducción de archivos locales). Del mismo modo, *Windows Media Player,* se puede seguir usando tanto en *Windows 10* como en *Windows 11 (Windows Media Player Legacy).*

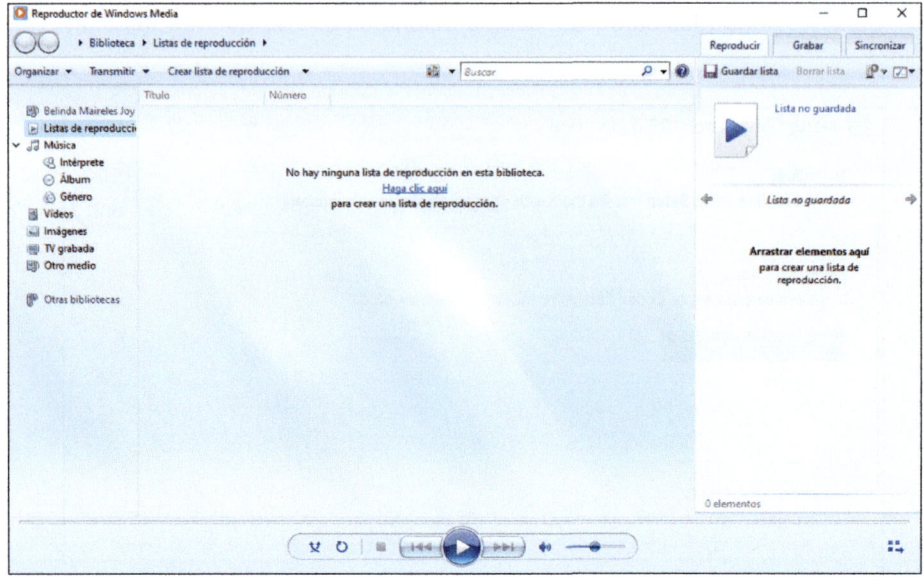

Ofrece las siguientes posibilidades:

- Reproductor multiformato: soporta diferentes formatos de audio y vídeo como WAV, MP3, AVI, etc.
- Sintonizador de radio por Internet.
- Ecualizador para procesar señales de audio.
- Puede usarse como reproductor para otros dispositivos si se realiza una correcta sincronización.

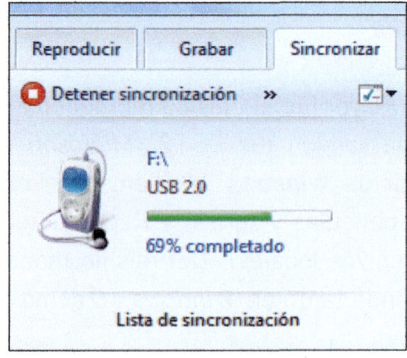

Dispositivo USB sincronizado con Windows Media Player

Para conocer los códecs instalados en el equipo y asociados a *Windows Media Player* hay que ir a la ficha **Ayuda** y seleccionar **Acerca de Reproductor de Windows Media.**

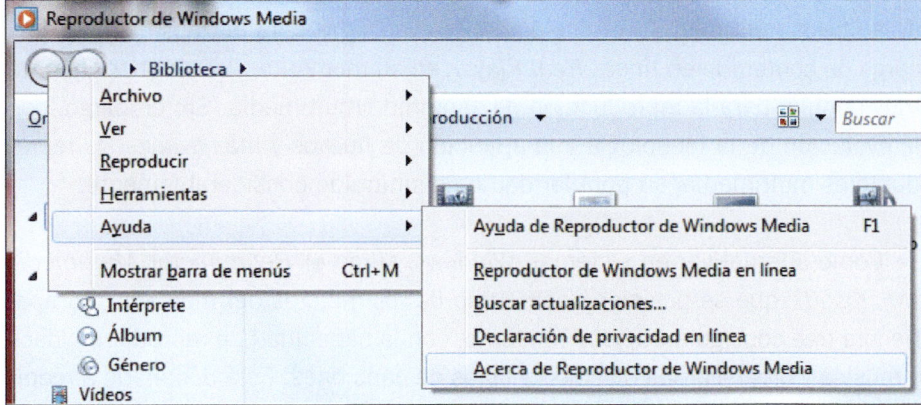

*En la ventana desplegada hacer **clic** en **Información de soporte técnico***

A continuación se despliega en el navegador la lista de códecs de audio y vídeo instalados y asociados.

Información de soporte técnico en Windows Media Player

4.2. *Real Time/Reproductor multimedia (Microsoft)*

Conocido como *Real Player,* es un reproductor multimedia multifuncional que permite a los usuarios reproducir, descargar, convertir y organizar su contenido de video y audio. Es compatible con una amplia variedad de formatos de archivos multimedia y ofrece opciones avanzadas para la transmisión y descarga de contenido en línea. *Real Player,* en su momento, fue una herramienta muy popular para la reproducción de contenido multimedia. Sin embargo, con la evolución de la tecnología y la aparición de nuevos y más avanzados reproductores multimedia, su popularidad ha disminuido considerablemente.

Como alternativa, en sistemas *Windows,* surge el *Reproductor Multimedia (Microsoft),* que se posiciona como uno de los mejores del mercado. Su apariencia trae consigo un diseño moderno, con la capacidad de reproducir vídeos y música y organizar la colección y listas de canciones. Está destinado a **reemplazar a todos los demás productos multimedia de *Windows.***

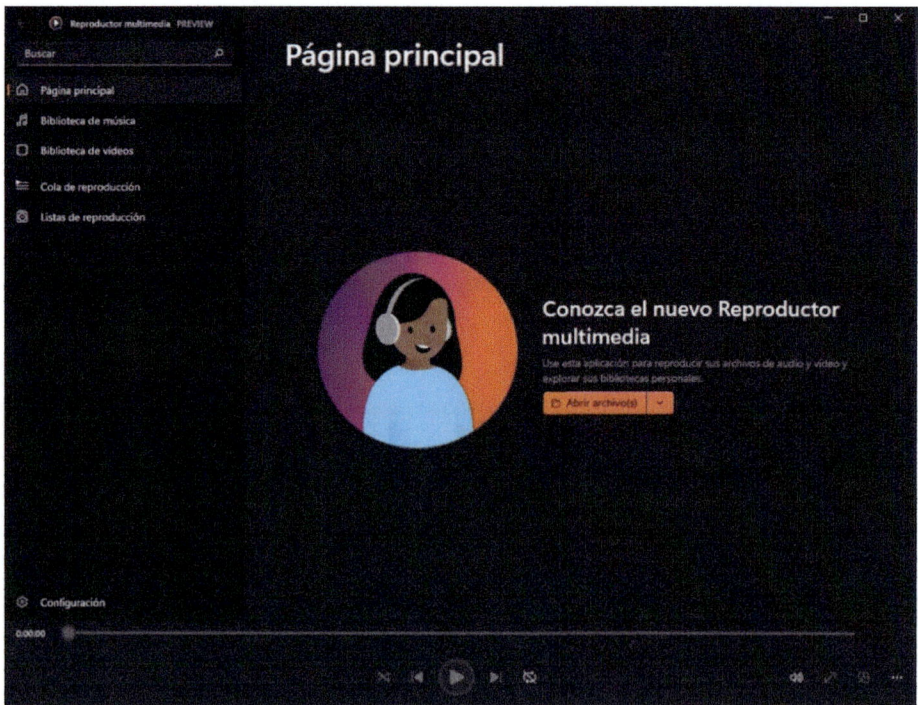

Cuando reproduces un vídeo, el reproductor actúa de una forma muy optimizada y minimalista, ocultando los controles durante su reproducción para que no obstaculicen la visualización del mismo. También está la opción de activar o desactivar subtítulos, o incluirlos de manera externa.

La aplicación de música dentro del reproductor es muy completa. La pantalla de música organiza la colección y lista de títulos alfabéticamente, pero también se pueden ordenar por año de lanzamiento, artista o género, ya sea en vista de listas o en cuadrícula. Los controles de reproducción de música aparecen en la parte inferior del reproductor y en el panel de configuración rápida de *Windows*. Asimismo, se puede usar la opción de minimizar el reproductor, de tal forma que se queda fijado cuando se cambia a otras ventanas.

Otra de las ventajas es que el reproductor puede buscar canciones almacenadas tanto en el disco duro como en la nube *(OneDrive* u otros proveedores), lo que le brinda un plus de personalidad al poder acceder a estas carpetas.

4.3. *Flash*

Adobe Flash Player fue un reproductor multimedia ampliamente utilizado para ejecutar contenido multimedia, aplicaciones de Internet enriquecidas y contenido de *streaming* en navegadores web. Su formato de reproducción era SWF.

*Navegador facilitando
la instalación de
Adobe Flash Player*

Sin embargo, *Adobe* descontinuó *Flash Player* oficialmente el 31 de diciembre de 2020 y, desde el 12 de enero de 2021, *Flash Player* dejó de reproducir contenido *Flash*. Actualmente sus funciones las realiza HTML5 (versión del estándar HTML), *WebAssembly, JavaScript* o *CSS3,* entre otros.

 **Definición**

Plugin
Complemento que se asocia a una aplicación para añadir nuevas funciones específicas.

4.4. Otros

Otras aplicaciones multimedia importantes son: VLC Media Player y Kodi.

VLC Media Player

Es un reproductor multimedia gratuito y de código abierto desarrollado por el proyecto *VideoLAN*. Es una de las aplicaciones más populares y ampliamente utilizadas para reproducir una variedad de formatos de archivo multimedia en una amplia gama de plataformas. Algunas de sus características son:

- Reproducir una amplia variedad de formatos de archivo multimedia (MPEG-1, MPEG-2, MPEG-4, DivX, XviD, H.264, H.265, etc.), audio (MP3, FLAC, AAC, WMA, etc.) y subtítulos (SRT, VTT, SSA, etc.).
- Realizar transcodificaciones y conversiones de archivos multimedia entre diferentes formatos. Es una herramienta útil para convertir vídeos a formatos compatibles con dispositivos específicos.
- Reproducir archivos multimedia en tiempo real desde diversos protocolos de transmisión, incluyendo HTTP, RTP, RTSP, MMS, etc. También es capaz de reproducir contenido de servicios de *streaming* en línea.

En resumen, *VLC Media Player* es una opción popular y versátil para reproducir una amplia variedad de archivos multimedia en diversas plataformas, gracias a su amplia compatibilidad de formatos, características avanzadas y su estatus como *software* de código abierto y gratuito.

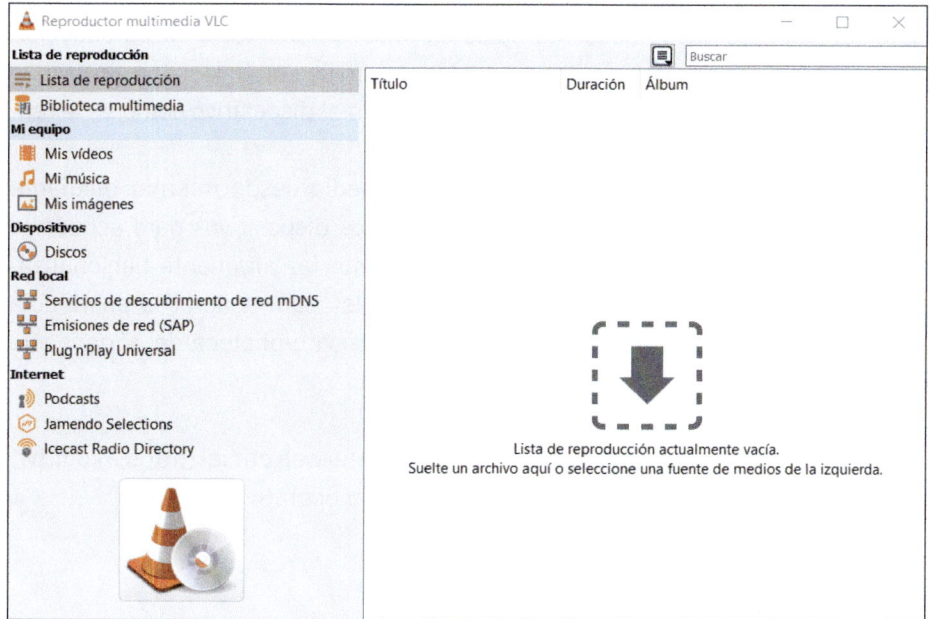

Kodi

Anteriormente conocido como *XBMC (Xbox Media Center),* es un *software* de centro multimedia gratuito y de código abierto. Originalmente diseñado para la consola *Xbox,* ahora está disponible en múltiples plataformas, incluyendo *Windows, macOS, Linux, Android, iOS* y dispositivos como *Raspberry Pi.*

Kodi organiza y gestiona la colección de películas, programas de TV, música, fotos y otros medios digitales. Permite agregar metadatos y arte de carátula automáticamente desde bases de datos en línea. En cuanto a la reproducción de contenido, soporta una amplia gama de formatos de archivo de audio y video y reproduce tanto archivos locales almacenados en el dispositivo como en la red.

Permite la transmisión de contenido multimedia desde internet mediante *addons* y complementos, sincronización con otros dispositivos para acceder a la biblioteca desde cualquier lugar. Tiene una interfaz altamente personalizable con una variedad de temas *(skins)* disponibles para adaptar la apariencia según tus preferencias. Además, posee una extensa biblioteca de *addons* que permiten ampliar sus funcionalidades.

Para empezar a usar *Kodi,* se puede visitar su sitio web oficial (https://kodi.tv/) y seleccionar la versión adecuada para el sistema operativo.

 Actividades

8. Investigue en Internet cuáles son los *plugins* más conocidos y utilizados. Seguidamente realice una tabla comparativa con sus características más relevantes.
9. Descargue e instale en un PC el reproductor *VLC.* Anote cada uno de los pasos que vaya realizando para dicha instalación.

 Aplicación práctica

¿Cómo podrían comprobarse los códecs instalados en un equipo asociados a *Windows Media Player?*

SOLUCIÓN

Abrir Windows Media Player, ir a la ficha **Ayuda** y seleccionar Acerca de **Reproductor de Windows Media.**

Continúa en página siguiente >>

<< Viene de página anterior

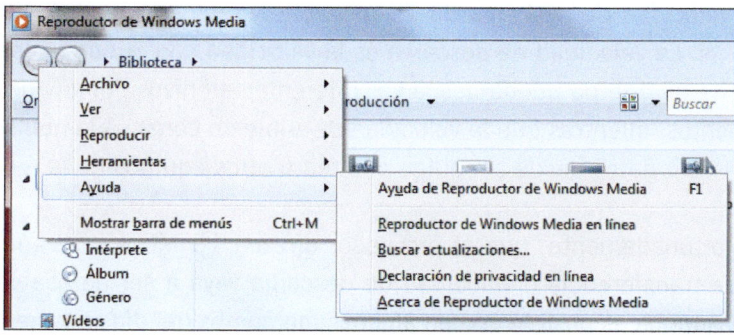

El siguiente paso es hacer clic sobre Información de soporte técnico.

Información de soporte técnico

A continuación se mostrará el listado de códecs de audio y vídeo instalados en el equipo.

5. Ancho de banda y tipos de accesos para contenidos multimedia

El ancho de banda en el ámbito de las redes informáticas es la cantidad de información o datos que puede transferirse mediante una conexión de red en un periodo determinado de tiempo.

Cuanto mayor sea el ancho de banda, más rápidas serán las descargas y las subidas. Normalmente se mide en bits por segundo (bps). Por ejemplo, cuando los proveedores de ISP ofrecen una conexión de 15 megas, en realidad están ofreciendo una conexión de 15 Mbps (15 megabits por segundo). Lo que significa que esta conexión podría transferir 15 millones de bits en un segundo.

Se considera un ancho de banda alto las conexiones que pueden transferir la suficiente información como para mantener una sucesión de imágenes de un vídeo.

Existen términos que provocan confusión, el proveedor de ISP puede ofrecer una velocidad de descarga de 15 megabits y una velocidad de subida de 1 megabits. La velocidad de descarga es la velocidad con la que la conexión a Internet de un equipo puede descargar diferentes archivos como vídeo, audio o documentos, mientras que la velocidad de subida o carga es la que se utiliza para transferir datos desde el equipo a la red u otros equipos de la red.

Desafortunadamente, que el proveedor ofrezca 15 Mbps no significa que la tasa de transferencia o velocidad de descarga vaya a ser de esa velocidad siempre, aunque es posible que en algunos momentos del día se logre alcanzar utilizando alguna ruta específica y transmitiéndose algunos datos específicos.

Los factores que más influencia tienen sobre la tasa de transferencia son:

- Los dispositivos de interconexión: las características del *router,* el módem, el *switch,* los dispositivos inalámbricos, etc. tienen una gran influencia.
- El tipo de datos que se transfieren.
- El número de usuarios de la red.
- La topología de la red.
- La cantidad de equipos servidores.

Diferentes dispositivos interconectados en una red de área local

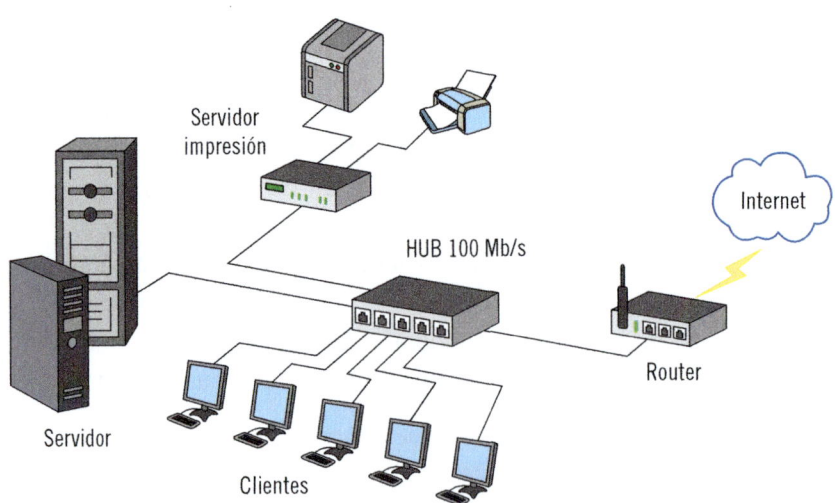

38 |

Existe una fórmula desde la que se puede estimar el tiempo de transferencia: tiempo de transferencia = tamaño del archivo / ancho de banda (T = Tm / AB). Es importante utilizar las mismas unidades en la ecuación. Si el ancho de banda se pretende medir en megabits por segundo (Mbps), el tamaño del archivo debe estar expresado en megabits (Mb), que hay que procurar no confundir con *megabytes* (MB).

Lógicamente, el resultado es estimado, porque el tamaño del archivo no está incluyendo en esa fórmula el gasto que realiza para su encapsulamiento. Para obtener un cálculo estimado con más precisión se puede sustituir el ancho de banda por la velocidad de transferencia en ese momento.

$$\boxed{\text{Mejor descarga} \qquad T = \frac{S}{SW}}$$

$$\boxed{\text{Descarga típica} \qquad T = \frac{S}{P}}$$

BW	Máximo ancho de banda teórico del "enlace más lento" entre el host origen y el host objetivo (medido en bits por segundo)
P	Tasa de transferencia real en el momento de la transferencia (medida en bits por segundo)
T	Tiempo en que se debe producir la transferencia de archivos (medio en segundos)
S	Tamaño del archivo en bits

Es importante saber el ancho de banda de la red, ya que puede resultar determinante para los servidores multimedia y su influencia en el número de clientes y codificadores que pueden trabajar simultáneamente.

A continuación se detallan los tipos de acceso más conocidos y habituales para contenidos multimedia.

5.1. Acceso multimedia universal (UMA)

El acceso multimedia universal es una tecnología que tiene como objetivo poner información y datos a disposición de usuarios y clientes adaptándola a diferentes terminales, redes y preferencias de cada usuario.

Intenta garantizar y satisfacer cada petición sobre contenidos de la forma más eficaz y con la seguridad de que se obtiene la versión más adecuada dependiendo de:

- El dispositivo al que vaya destinado: *smartphone,* PC, TV, etc.
- Tipo de red: Ethernet, inalámbrica, 5G, etc.
- Preferencias de usuarios: blanco y negro, color, solo audio, calidad, etc.
- El formato del contenido.

Tecnología DLNA

La tecnología DLNA *(digital living network alliance)* se emplea para comunicar varios dispositivos de una forma sencilla y compartir entre estos sus contenidos de manera directa. Estas comunicaciones y transmisiones pueden realizarse vía Ethernet o wifi.

Para utilizar esta tecnología, los dispositivos deben estar certificados para ello. Lo realmente positivo de esta tecnología es que, con que los dispositivos se encuentren conectados usando UPnP *(universal plug and play),* los dispositivos quedan detectados.

 Definición

UPnP *(universal plug and play)*
Es un conjunto protocolos de comunicación que permite detectar de forma transparente la presencia de otros elementos de red y establecer los servicios necesarios para definir una comunicación y compartir datos.

Una vez conectados y detectados los dispositivos, cualquiera de ellos puede añadir o recibir datos multimedia, como transferir desde una cámara de fotos a un PC imágenes, reproducir en una consola películas alojadas en un ordenador, etc. El uso más habitual es acceder a cualquier contenido y reproducirlo en el dispositivo deseado.

Antes del auge de las plataformas de *streaming,* una opción doméstica era la de colocar un disco duro de red (NAS) o un ordenador como punto central para almacenar los contenidos (imágenes, audio y vídeos), quedando siempre accesible y conectado, y a partir de este cualquier dispositivo (televisión, *smartphone,* consola) que se conecte puede reproducir su contenido. De esta forma se puede crear fácilmente un hogar digitalmente conectado y organizado.

Red doméstica con un NAS

Los dispositivos NAS son menos comunes en el ámbito doméstico, pero llevan tiempo utilizándose en grandes entornos. Para datos multimedia, los cuales suelen necesitar de grandes capacidades de almacenamiento, sobre todo si se trata de archivos de vídeo, los NAS resultan muy interesantes.

Son pequeños, eficientes, tienen multitud de funciones y la capacidad de almacenamiento depende del usuario o la persona que lo administre, ya que suelen disponer de varios departamentos (bahías) para insertar o retirar discos duros.

En la siguiente imagen se puede ver la parte frontal de un NAS común con cinco bahías.

NAS

Actividades

10. Realice un test de velocidad y compruebe si su ancho de banda se corresponde con el contratado con el proveedor de ISP.
11. ¿Cuál es la diferencia entre Ethernet y wifi?

6. *Streaming*

Cuando se navega por Internet es necesario descargar un archivo (página HTML, audio MP3, imágenes JPEG, etc.) desde un servidor remoto al equipo cliente para poder visualizarlo en pantalla.

Mediante la tecnología *streaming* se consigue optimizar la descarga de archivos de audio y vídeo, consiguiendo que se puedan escuchar y visualizar mientras se están descargando. Si no se utiliza esta técnica hay que esperar a que el archivo se descargue totalmente en el equipo cliente para poder ejecutarlo y reproducirlo.

El funcionamiento básico de *streaming* es el siguiente:

1. El dispositivo cliente conecta con el servidor solicitando datos, y este responde con el envío de dichos datos.
2. El dispositivo cliente, a medida que recibe la información, la va almacenando en un *buffer*.
3. Cuando se llena el *buffer* con una pequeña parte de los datos, se empieza a mostrar en el equipo cliente, mientras continua la descarga.

El sistema está sincronizado para que el archivo se reproduzca mientras sigue descargándose, de manera que cuando se descarga definitivamente también ha acabado de reproducirse.

La reproducción puede realizarse sobre un reproductor multimedia, un reproductor flash o una extensión o complemento del navegador.

Si en cualquier momento se producen pequeños cortes de conectividad o descensos de velocidad se utiliza la información del *buffer,* de manera que puede aguantar reproduciéndose un breve periodo aunque haya cortes. Si el corte fuera de mucho tiempo, el *buffer* quedará vacío y la reproducción se reanudará cuando se restaure la señal.

En la siguiente imagen puede observarse el reproductor *SopCast* retransmitiendo un canal de televisión en *streaming* en el que el *buffer* se encuentra al 99 %.

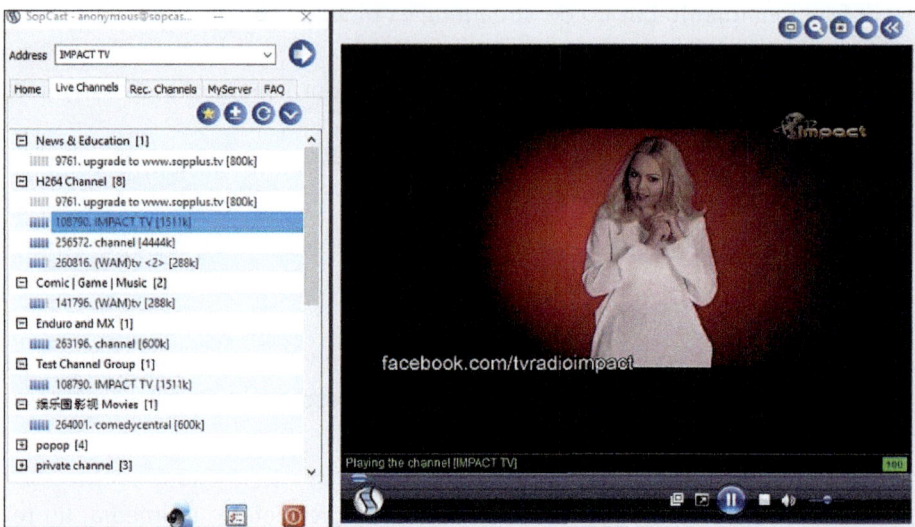

Reproducción en Sopcast

6.1. Difusión

Existen dos modos de difusión en *streaming:*

- **Streaming en directo:** es el que retransmite cualquier evento que está
  sucediendo en ese mismo momento. En esta modalidad el audio y/o el
  vídeo se codifican en el acto, y se realiza la transmisión a Internet rápidamente para que pueda escucharse y/o visualizarse en tiempo real. El
  servidor es el dispositivo encargado de controlar la transmisión de los
  datos, y para ello utiliza la tecnología *push.* Ejemplos claros de este tipo
  de difusión son las radios y las televisiones que emiten por Internet, o
  ciertos conciertos, videoconferencias, clases, etc.

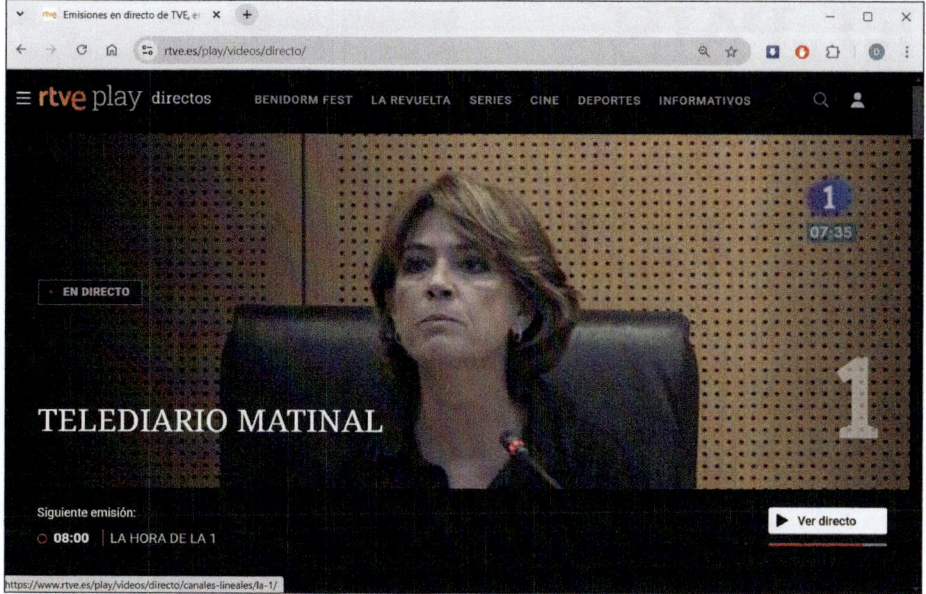

Ejemplo de retransmisión en directo

- ***Streaming* bajo demanda:** es el contenido multimedia que se encuentra almacenado en un servidor y puede ser visualizado por los clientes en cualquier momento. En esta ocasión el cliente es quien controla la transmisión y decide cuándo y en qué momento desea reproducir el contenido, ya que permite saltos hacia adelante o atrás y pausas. Ejemplos de este tipo de *streaming* es el sitio web *Youtube,* o los diferentes vídeos y audios que pueden encontrarse en numerosas páginas web.

Ejemplo de vídeo disponible en streaming bajo demanda

6.2. Emisión

Para emitir en *streaming* lo único necesario es lo siguiente:

- Un ordenador: no es necesario que disponga de un *hardware* especial ni específico, pero sí que tenga unas características medias aceptables, como un procesador Intel i3, 4 GB de Ram, suficiente espacio en disco duro, etc.
- Una conexión a internet: con cualquier conexión de banda ancha que ofrecen los proveedores de ISP es suficiente.
- Disponer de dispositivos o medios que permitan grabar sonido y vídeo.
- Un *software* codificador para emisiones *streaming*.

Actividades

12. ¿Qué es necesario para emitir en *streaming?*
13. ¿Cuáles son los usos más comunes de la tecnología *streaming* en directo?

Aplicación práctica

¿Qué pasos se deben seguir para la reproducción en *streaming* de una emisora de radio en VLC Media Player?

SOLUCIÓN

Iniciar *VLC Media Player.*

Ir al menú **Ver** y seleccionar **Lista de Reproducción.**

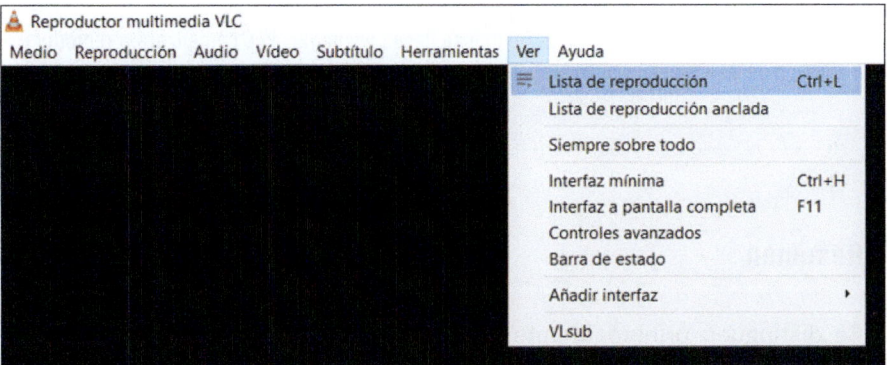

En la sección **Internet,** seleccionar **Icecast Radio Directory.** Estas opciones permitirán buscar emisoras de radio por género, país, etc.

Continúa en página siguiente >>

<< Viene de página anterior

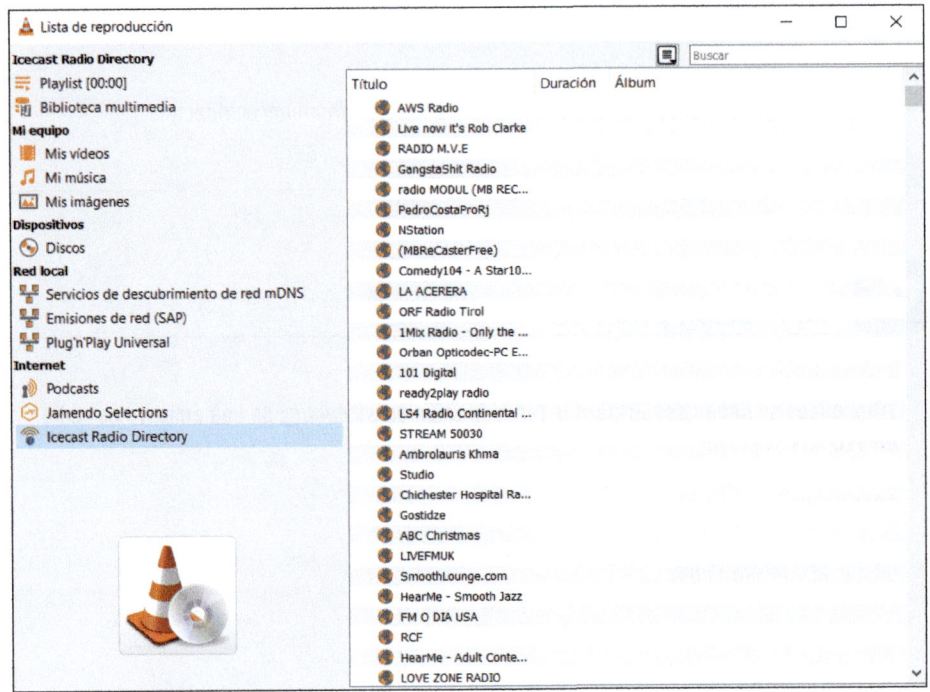

Hacer doble clic en la emisora de radio que se desea escuchar. *VLC* comenzará a reproducir la emisión en vivo de esa emisora.

7. Resumen

Se distinguen principalmente tres tipos de archivos multimedia: imagen, audio y vídeo.

Cada archivo multimedia tiene un formato. Los formatos de imagen más destacados son: JPEG, PNG, TIFF, GIF y BMP. En cuanto a los archivos de audio, los más populares son MP3, AAC y WAV. Y los formatos de vídeo principales son AVI, MP4, MOV y MKV.

UDP es uno de los protocolos más utilizados para la transferencia de archivos multimedia. UDP *(user datagram protocol)* es un protocolo de transporte no orientado a conexión. No proporciona detección de errores, ya que trabaja sin acuse de recibo. Es conocido como protocolo sin conexión o no orientado a conexión porque el equipo remitente envía datos sin avisar previamente al equipo receptor, y este recibe los datos sin enviar una confirmación de la recepción.

El ancho de banda es la cantidad de información o datos que pueden transferirse mediante una conexión de red en un periodo determinado de tiempo. La velocidad de descarga es la velocidad con la que la conexión a Internet de un equipo puede descargar diferentes archivos como vídeo, audio o documentos, mientras que la velocidad de subida o carga es la que se utiliza para transferir datos desde el equipo a la red u otros equipos de la red.

La tecnología DLNA *(digital living network alliance)* se emplea para comunicar varios dispositivos de una forma sencilla y compartir entre estos sus contenidos de manera directa.

Mediante la tecnología *streaming* se consigue optimizar la descarga de archivos de audio y vídeo, consiguiendo que se puedan escuchar y visualizar los archivos mientras se están descargando. Actualmente existen dos tipos de *streaming,* en directo y bajo demanda.

Ejercicios de repaso y autoevaluación

1. Señale cuáles de los siguientes protocolos están relacionados con el acceso multimedia.

    a. RTSP.
    b. RTCP.
    c. RPT.
    d. RTP.

2. El reproductor _____ fue originalmente diseñado para la consola Xbox.

    a. *Kodi*
    b. *VLC Media Player*
    c. *Flash*
    d. *Windows Media Player*

3. Complete las siguientes afirmaciones.

La principal diferencia entre TCP y UDP es la cantidad de _____ que presentan.

Los _____ TCP tienen 20 bits de sobrecarga para encapsular datos de la capa de aplicación, mientras que UDP solo requiere _____ de sobrecarga.

4. VLC es un reproductor de código abierto y libre distribuido bajo licencia GPL y disponible para numerosos sistemas operativos. Es capaz de reproducir numerosos formatos de audio y vídeo así como *streaming*.

    ☐ Verdadero
    ☐ Falso

5. ¿Qué elementos son necesarios para realizar una retransmisión en *streaming*?

_____

_____

6. Marque en la siguiente tabla si se trata de formatos de vídeo o audio.

	Audio	Vídeo
MOV		
AVI		
AAC		
MKV		
3GP		

7. ¿Cuáles de los siguientes formatos son de audio?

    a. MP3.
    b. OGG.
    c. AVI.
    d. JPEG.

8. ¿A qué tipo de archivo corresponde el formato BMP? ¿Admite compresión?

9. De las siguientes siglas, ¿cuáles corresponden a un disco duro de red?

    a. HDD.
    b. LAN.
    c. NAS.
    d. VLC.

10. La forma en que se codifica la información en un soporte informático recibe el nombre de...

    a. ... compresión.
    b. ... formato.
    c. ... códec.
    d. Todas las opciones anteriores son incorrectas.

11. ¿Qué nombre recibe la unidad mínima de una imagen digital?

_____

_____

12. Relacione los siguientes formatos con el tipo de archivo.

    a. PNG
    b. WAV
    c. MP4

    __ Vídeo
    __ Audio
    __ Imagen

13. ¿Cuál es el formato utilizado mayoritariamente para imágenes animadas en Internet?

_____

_____

14. *VLC Media Player* se utiliza normalmente para visualizar y reproducir contenidos multimedia.

    ☐ Verdadero
    ☐ Falso

15. **¿Cuál de los siguientes reproductores es capaz de reproducir archivos en formato RAR?**

    a. VLC.
    b. *Reproductor Multimedia (Microsoft)*.
    c. *Windows Media Player*.
    d. Todas las opciones son correctas.

Capítulo 2
Instalación y configuración de servidores de transferencia de archivos multimedia

Contenido

1. Introducción

Una vez conocidos los protocolos, los decodificadores, los reproductores, etc., que existen para realizar conexiones y disfrutar de contenido multimedia es el momento de saber cómo se instalan las plataformas que ayudan a servir dicho contenido a clientes.

Es indispensable conocer los medios y los distintos métodos que existen, ya que en función del *hardware* y de los medios de los que se dispongan pueden ser necesarios más o menos recursos.

A lo largo del capítulo se detalla cómo se configuran ciertos parámetros que resultan fundamentales para conseguir que los servidores puedan trabajar sin problemas ni interrupciones de red.

También se muestra cómo es posible acceder a cada una de las plataformas y a su contenido desde distintas plataformas.

Se concluye con varias aplicaciones prácticas y ejemplos de cómo es posible dotar de seguridad a la plataforma para que solo ciertos usuarios puedan administrarla así como agregar, eliminar o modificar contenido

2. Funcionamiento y tipos de servidores multimedia

Un servidor multimedia tiene como objetivo principal almacenar contenidos multimedia y facilitarlos cuando reciba peticiones de sus clientes. Es decir, se encarga de gestionar y garantizar la calidad del servicio desde los medios de almacenamiento del servidor a los clientes.

2.1. Funcionamiento

Para conseguir que los servicios de transferencia de archivos y procesos de conexión entre servidor multimedia y clientes se lleven a cabo de forma efectiva es necesaria la comunicación entre tres subsistemas:

- **Subsistema de control:** es el destinatario de las peticiones de los usuarios clientes. Se encarga de ordenar las acciones a realizar para atender las peticiones y de decidir si las nuevas peticiones pueden servirse por el sistema sin que surjan problemas ni se dañen las peticiones activas. Estas decisiones las toma la política de admisión dependiendo de los recursos del sistema y de los requisitos de cada petición. El subsistema de control también puede realizar tareas de optimización para aumentar la eficiencia del sistema como desfragmentación de discos, liberación de espacio, finalización de procesos, etc.
- **Subsistema de almacenamiento:** almacena y recupera el contenido multimedia desde los diferentes dispositivos y equipos de almacenamiento. La mayor dificultad de los servidores multimedia reside en este módulo, ya que el volumen de ciertos archivos multimedia complican la gestión y la entrega de información de acuerdo con la calidad de servicio *streaming* requerida por las aplicaciones.
- **Subsistema de comunicación:** planifica la introducción del contenido multimedia en la red que se pretende transmitir. Este subsistema gestiona las distintas políticas de servicio optimizando los recursos de ancho de banda de la red y del servidor.

Comunicación entre los subsistemas de almacenamiento, control y comunicación

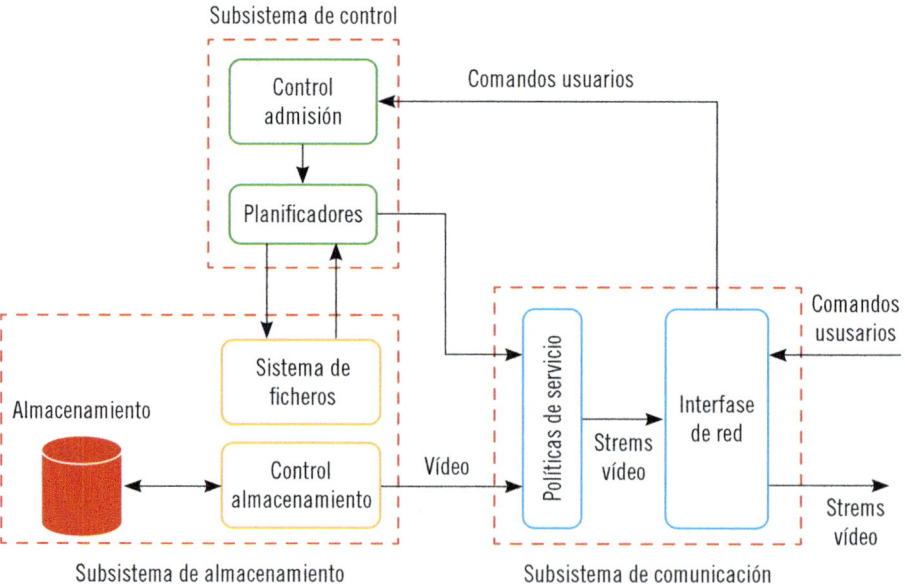

2.2. Tipos de servidores multimedia

Según la arquitectura que se utilice se pueden distinguir los siguientes tipos de servidores multimedia:

Tipos de servidores multimedia existentes

- **Servidores multimedia centralizados:** las peticiones de los equipos clientes se dirigen siempre a un servidor central y este proporciona la información solicitada. En él se centran todos los servicios. El inconveniente que presentan es que si fallasen se cae toda la red multimedia.

Servidor central con cinco clientes

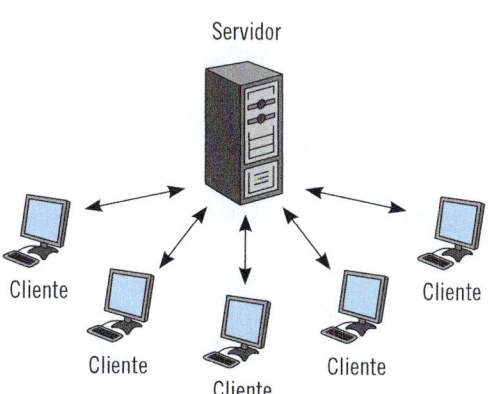

■ **Servidores multimedia dedicados:** son servidores que tienen por objeto
una sola función, es decir, poner a disposición de los clientes un solo
tipo de archivos. Por ejemplo, en el caso de archivos de vídeo, que son
más pesados, puede utilizarse un servidor dedicado para únicamente
servir archivos de vídeo. O utilizarse uno para vídeo, otro para imágenes
y otro para archivos de audio.

Tres servidores dedicados

■ **Servidores multimedia distribuidos:** cuando la red es muy amplia puede ser aconsejable este tipo configuración. Se utilizan varios servidores
para cada una de las áreas en las que se haya dividido la red.

Servidores multimedia distribuidos

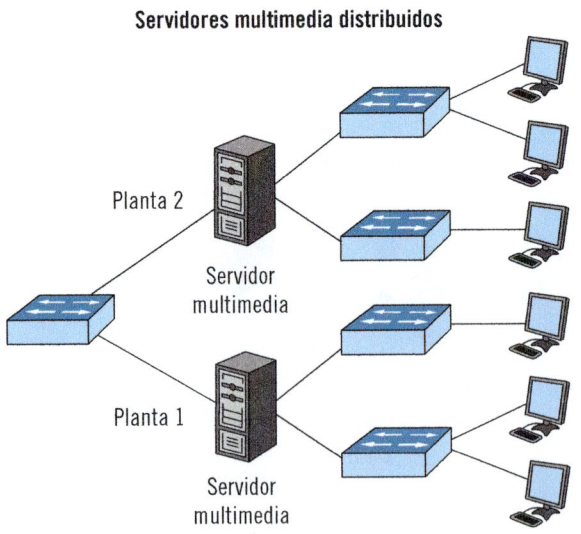

En función de la forma en la que se envíe la información a los usuarios se distinguen dos posibilidades:

- **Unicast:** en la que cada usuario que tiene acceso al contenido dispone de un flujo de datos independiente.
- **Multicast:** todos los usuarios tienen acceso al contenido por el mismo flujo de datos.

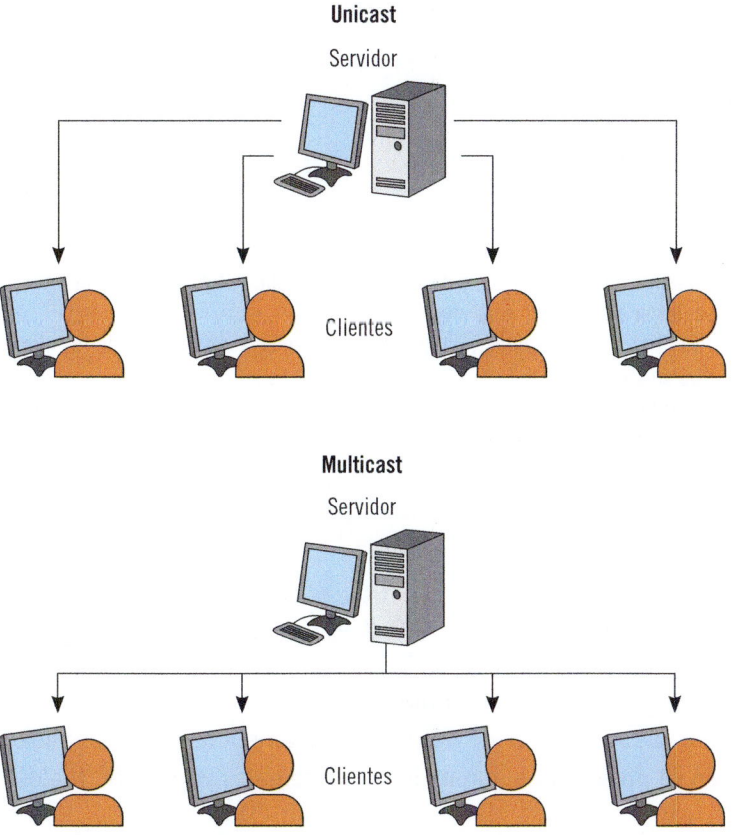

Es importante tener en cuenta si se emite en *unicast* o *multicast* para que la transmisión sea correcta. En las transmisiones *unicast* el ancho de banda aumenta en relación a los usuarios que reciben contenido, por lo que si se dispone de un buen ancho de banda y se trata de pocos clientes no deberían de surgir problemas de conexión.

Tipos de servidores	Forma de envío de datos
Centralizados Distribuidos Dedicados	Unicast Multicast

Si existen problemas de conexión o hay un alto número de clientes, lo más conveniente son las emisiones *multicast,* que disminuyen considerablemente el ancho de banda necesario para las transmisiones.

 Actividades

1. ¿Cuáles son los tres subsistemas necesarios para conseguir que los servicios de transferencia de archivos y procesos de conexión entre servidor multimedia y clientes se lleven a cabo de forma efectiva?
2. ¿Qué tipos de servidores tienen por objeto poner a disposición de los clientes un solo tipo de archivos?
3. ¿En qué tipo de transmisiones el ancho de banda aumenta en relación a los usuarios que reciben contenido?

3. Plataformas habituales HW y SW para multimedia

Es fácil encontrar plataformas para compartir y servir contenido multimedia, pero cada una dispone de unas características y funcionalidades. A continuación se presentan algunas de las principales y más habituales.

Plex Media Server

Plex es uno de los servidores multimedia más utilizados para transmitir y facilitar contenido de audio, imagen y vídeo a otros dispositivos y clientes.

Permite el acceso y la reproducción fácilmente a otros equipos con un sistema *Windows, Linux* o *Mac OS X* y dispositivos con sistema *Android (smartphones y tablets)* o *iOS (iPhone e iPad)*.

Plex puede descargarse desde la siguiente dirección web: <https://www.plex.tv/es/media-server-downloads/?cat=computer&plat=windows>.

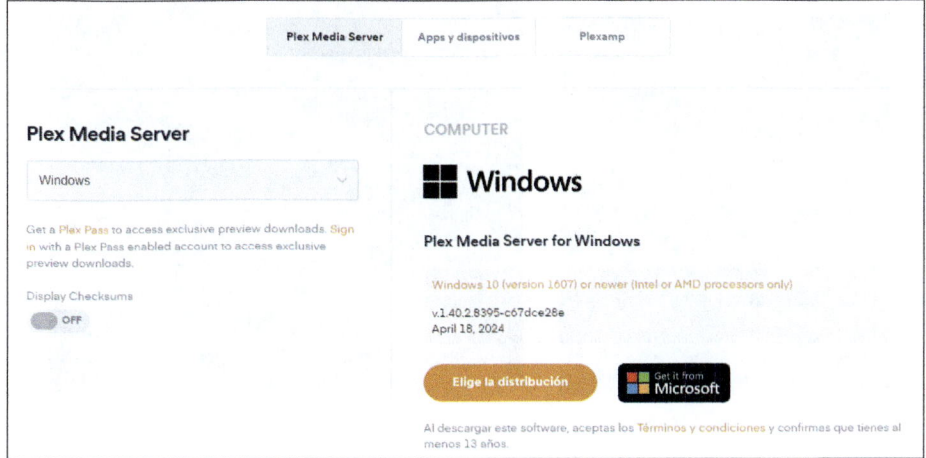

Descarga de Plex Media Server

Desde un PC, el proceso para administrar el contenido es muy sencillo. Una vez realizada la instalación de *Plex* y registrada una cuenta de usuario, la gestión se realiza a través de un navegador web.

Recuerde

Plex Media Server está disponible para los dispositivos informáticos y plataformas más actuales como *Windows, Linux, Mac OS X, PC, smartphone, iPhone* o *iPad*.

Para compartir el contenido multimedia, abrir *Plex Media Server* y automáticamente se abrirá el navegador con la dirección y la plataforma de gestión.
Para añadir contenido, en el menú lateral, se clica en Más y, seguidamente,
en el símbolo [+].

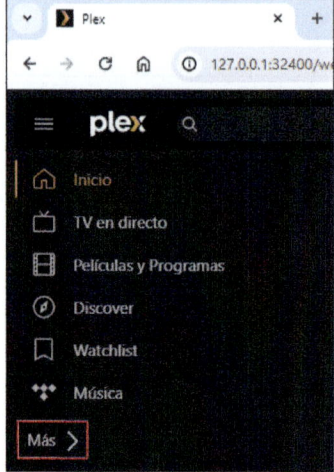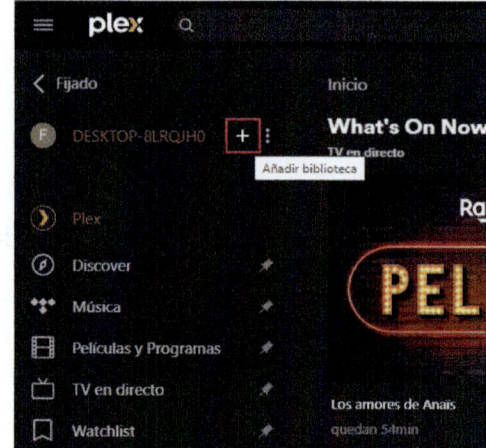

Agregar contenido a Plex Media Server

A continuación, seleccionar el tipo de archivo del que se trata e indicar la
ruta en la que se encuentra ubicado.

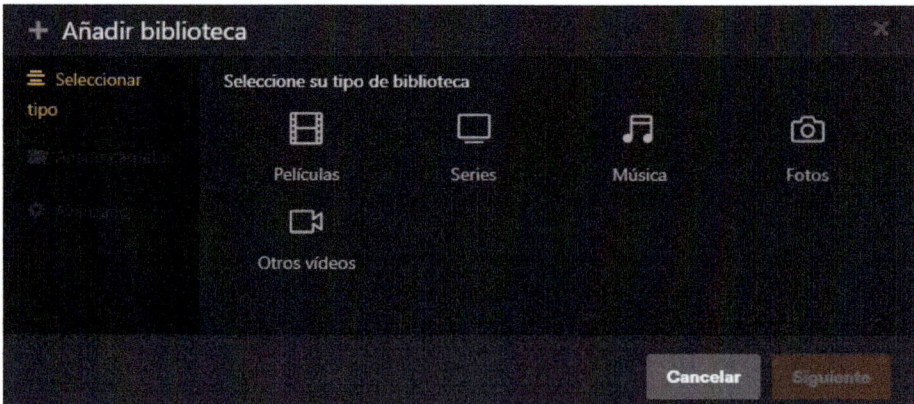

Seleccionar el tipo de archivo a compartir

VLC Media Player

VLC, además de ser considerado uno de los mejores reproductores que existe, ya que funciona en cualquier sistema operativo y reproduce la mayoría de archivos de vídeo y audio, también dispone de una característica para transmitir contenido multimedia en *streaming* a otros equipos.

Los pasos a seguir para realizar una transmisión en *streaming* son los siguientes:

1. Ir a la ficha **Medio** y seleccionar **Emitir.**
2. En la ventana **Abrir medio,** situada sobre la ficha **Archivo,** hacer clic sobre el botón **Añadir** y añadir el contenido que se desea transmitir.
3. Una vez introducido el contenido, hacer clic en el botón **Emitir.**

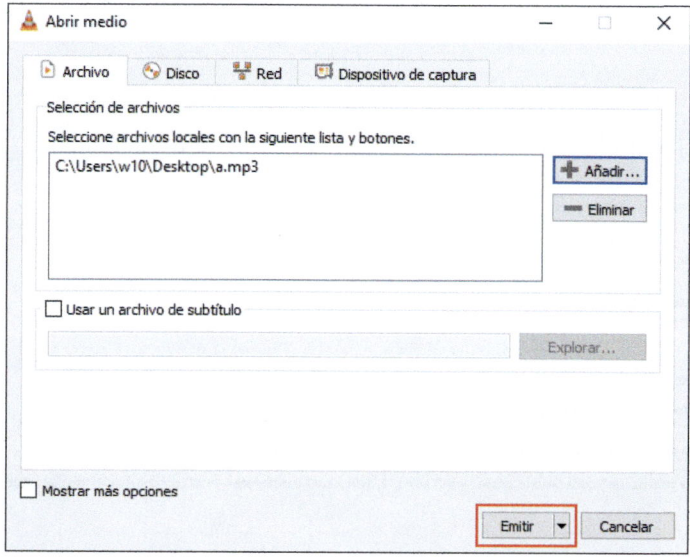

Añadir contenido en VLC

4. Se abrirá un asistente en el que se debe marcar la casilla **Mostrar en local** para así dar permiso al resto de usuarios de la red.

5. A continuación, hay que seleccionar el tipo de transcodificación que se
   realizará.

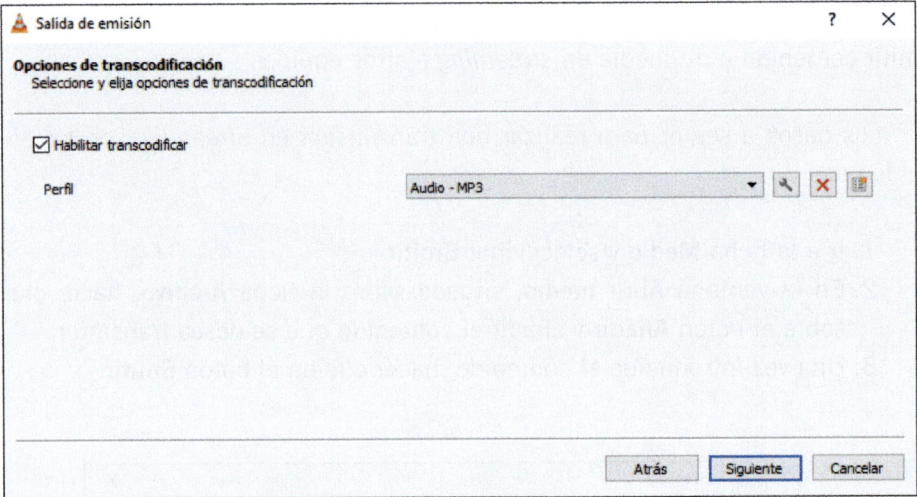

6. Hacer clic en el botón **Emitir** para iniciar la transmisión.

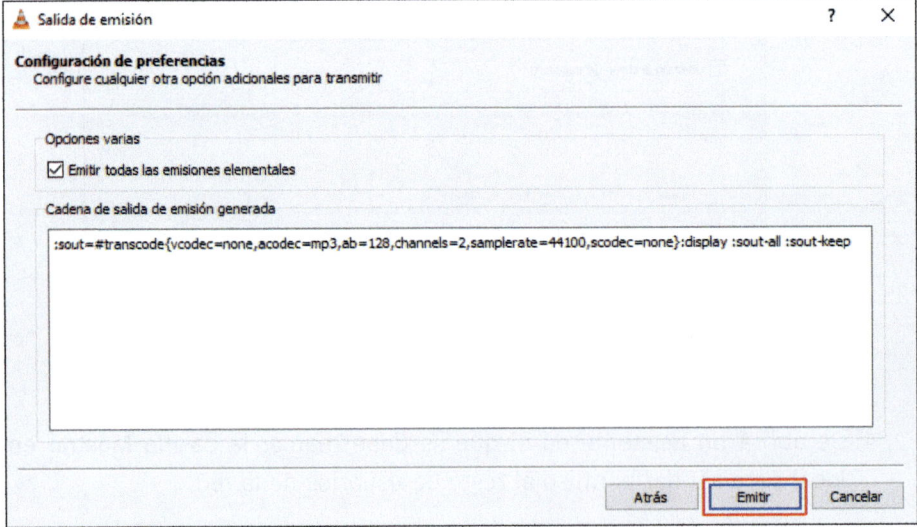

Emisión del contenido

OBS Studio

En el mundo del *streaming* y la creación de contenido multimedia, *Open Broadcaster Software (OBS) Studio* destaca como una herramienta fundamental y de código abierto. Desarrollado inicialmente por Hugh "Jim" Bailey como un proyecto universitario en 2012, *OBS Studio* ha evolucionado gracias a una comunidad activa de usuarios y desarrolladores que han contribuido con mejoras significativas y nuevas características.

Desde sus humildes inicios, OBS Studio ha crecido exponencialmente, convirtiéndose en una opción preferida tanto para *streamers* individuales como para grandes organizaciones. Su desarrollo continuo ha sido impulsado por la necesidad de una solución flexible y poderosa para la captura de video, transmisión en vivo y producción de contenido multimedia.

Las características principales de *OBS Studio* son:

- **Captura de vídeo y audio:** *OBS Studio* permite la captura de múltiples fuentes de video, incluyendo cámaras web, capturas de pantalla y dispositivos de captura de vídeo. Además, admite la captura de varios canales de audio, como micrófonos y fuentes externas, proporcionando una configuración completa para la creación de escenas dinámicas.
- **Transmisión en tiempo real:** es capaz de transmitir en vivo a plataformas populares como *Twitch, YouTube, Facebook Live* y más. Ofrece ajustes avanzados para optimizar la calidad de la transmisión, incluyendo configuraciones de bitrate y resolución adaptativas.

- **Escenas y fuentes:** utiliza un sistema intuitivo de escenas y fuentes que permite a los usuarios crear composiciones complejas de video en tiempo real. Las fuentes pueden ser imágenes, vídeos, texto, superposiciones gráficas y fuentes de navegador, facilitando la creación de presentaciones dinámicas y atractivas.

- **Configuración avanzada:** ofrece herramientas avanzadas para configurar y gestionar diversos aspectos de la transmisión y la grabación. Desde ajustes de audio hasta configuraciones de formatos de vídeo, *OBS Studio* proporciona un control detallado para adaptarse a necesidades específicas de producción.

- **Personalización y flexibilidad:** permite una personalización extensa a través de *plugins* y ajustes de configuración avanzados. Los perfiles y las escenas pueden ser guardados y cargados fácilmente, facilitando la adaptación a diferentes proyectos y flujos de trabajo.

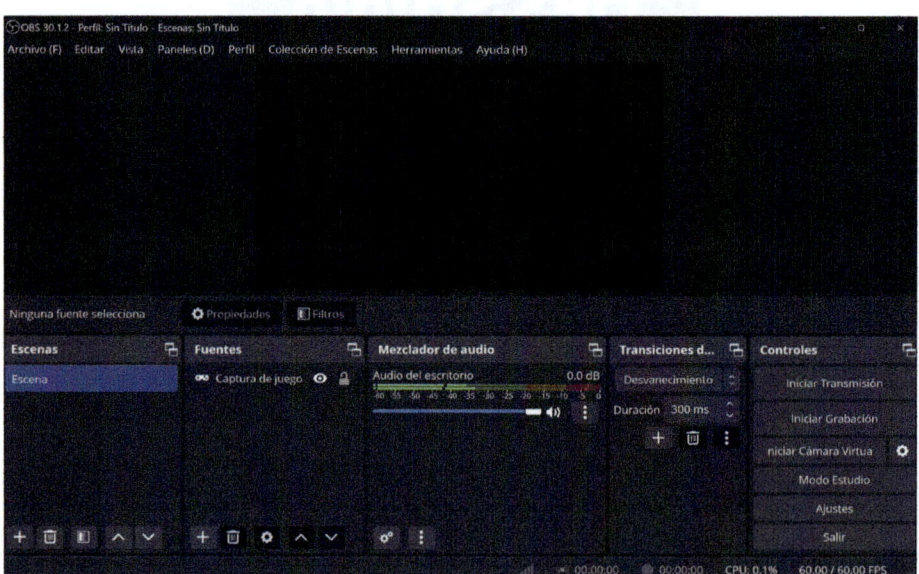

Entre los usos más comunes se pueden destacar:

- *Streaming* **de videojuegos:** es la elección principal para *streamers* de videojuegos que desean transmitir partidas en vivo, comentarios y eventos relacionados con *gaming*. Permite integrar elementos visuales como superposiciones gráficas, alertas y *widgets* para mejorar la experiencia visual y de interacción con la audiencia.

- **Educación y formación:** en el ámbito educativo, *OBS Studio* se utiliza para transmitir conferencias en línea, seminarios web y tutoriales interactivos. Facilita la integración de presentaciones de diapositivas, demostraciones de *software* y colaboraciones en tiempo real, mejorando la experiencia de aprendizaje remoto.
- **Producción de contenido multimedia:** esencial para creadores de contenido que buscan producir y editar videos como tutoriales, revisiones de productos, vlogs y más. También se utiliza para grabar sesiones de *pódcast,* entrevistas y contenido multimedia variado, utilizando múltiples fuentes y configuraciones de escena.

La fortaleza de *OBS Studio* radica en su comunidad activa y colaborativa. Usuarios y desarrolladores contribuyen con soporte técnico, creación de *plugins* y recursos educativos. Esto asegura que *OBS Studio* no solo evolucione continuamente, sino que también mantenga altos estándares de calidad y rendimiento.

Resumiendo, *OBS Studio* es una herramienta líder en el ámbito del *streaming* y la producción de contenido multimedia, gracias a su accesibilidad, versatilidad y poderosas características. Su enfoque en la innovación y la satisfacción del usuario garantiza que sea una opción popular para aquellos que buscan una solución robusta y gratuita para sus necesidades de creación de contenido.

Emby

En el mundo de la gestión y transmisión de contenido multimedia, *Emby* se destaca como una plataforma de servidor de medios de código abierto diseñada para ofrecer una experiencia completa y personalizada. Desde su evolución como *Media Browser, Emby* ha crecido en popularidad debido a su capacidad para organizar, transmitir y compartir vídeos, música y fotos de manera eficiente y segura en una variedad de dispositivos y plataformas.

Inicialmente fue concebido como una solución personalizada para la gestión de bibliotecas de medios en el hogar; *Emby* ha evolucionado significativamente a lo largo de los años. Ha pasado de ser una herramienta básica a convertirse en una plataforma robusta que no solo permite la transmisión de contenido, sino que también ofrece funciones avanzadas de personalización y gestión de bibliotecas multimedia.

Entre sus características principales destacan:

- **Transmisión de medios en tiempo real:** *Emby* facilita la transmisión de una amplia gama de formatos de medios a través de una red local o internet. Con soporte para transcodificación, asegura una reproducción fluida en diferentes dispositivos y conexiones.
- **Gestión de bibliotecas de medios:** organiza la colección de vídeos, música y fotos con metadatos detallados, facilitando la búsqueda y navegación eficiente a través de bibliotecas separadas para distintos tipos de contenido.
- **Acceso y sincronización remota:** accede de forma segura a la biblioteca de medios desde cualquier lugar, mediante aplicaciones móviles y clientes web, incluso sincronizando contenido para reproducirlo sin conexión desde dispositivos móviles.
- **Personalización y extensibilidad:** *Emby* es altamente personalizable con opciones de temas visuales, configuraciones de interfaz y soporte para *plugins* que amplían sus capacidades con integraciones adicionales y funciones avanzadas.
- **Seguridad y privacidad:** con un enfoque en la seguridad, *Emby* ofrece opciones robustas de autenticación de usuarios, control de acceso y cifrado de datos para proteger el contenido multimedia y configurar perfiles de usuario personalizados.

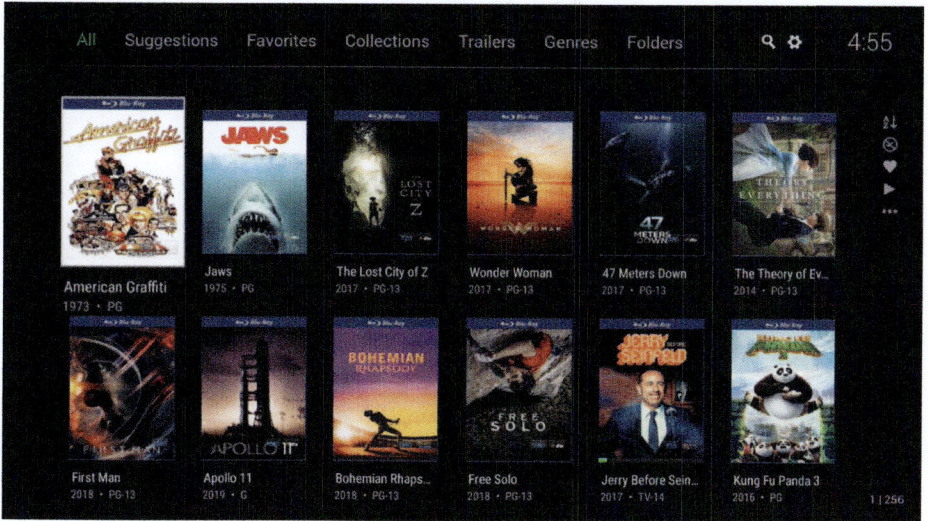

Los usos más comunes de *Emby* son:

- **Entretenimiento en el hogar:** ideal para usuarios domésticos que desean organizar y disfrutar de su colección multimedia desde cualquier dispositivo conectado.
- **Educación y formación:** utilizado en entornos educativos para almacenar y distribuir contenido educativo multimedia como conferencias grabadas, tutoriales y material didáctico interactivo.
- **Transmisión de contenido multimedia:** empleado por creadores de contenido para transmitir contenido en vivo y bajo demanda a través de internet, proporcionando una plataforma estable y personalizable para audiencias globales.

La comunidad activa de *Emby* ofrece un sólido respaldo técnico, contribuciones de desarrollo y *plugins* que continúan enriqueciendo la plataforma. Esto asegura que *Emby* evolucione con nuevas características y mejoras adaptadas a las necesidades cambiantes de los usuarios.

Como conclusión, *Emby* representa una opción destacada y gratuita en el ámbito de los servidores de medios, destacándose por su flexibilidad, personalización y compromiso con la seguridad del contenido. Con su continua evolución y el apoyo de una comunidad dinámica, *Emby* promete mantenerse como una alternativa sólida y confiable para aquellos que buscan una solución avanzada y accesible para la gestión de contenido multimedia en diversos entornos.

Actividades

4. Investigue en internet sobre cómo es posible adquirir la versión comercial **Emby (Premiere)** y el coste que tiene.
5. Instale la *app* de *Plex* en algún *smartphone* o tablet e intente acceder a su servidor multimedia.

3.1. Requisitos HW habituales

Los requisitos de *hardware* hacen referencia a las características mínimas necesarias que deben tener los componentes físicos de un equipo para obtener un rendimiento óptimo de un determinado *hardware.* Algunos fabricantes también facilitan unos requisitos recomendados para que el rendimiento sea siempre satisfactorio.

Comparación entre requisitos mínimos y recomendados de hardware

Mínimo   Recomendado

VLC necesita bajos recursos de *hardware.* Los requisitos mínimos para *VLC* son:

- Procesador al menos de 1 GHz.
- 512 MB de RAM.
- 200 MB de espacio libre en disco.

Los requisitos mínimos para *Plex* son:

- **Procesador:** al menos de 1 GHz.
- **Memoria RAM:** al menos 2 GB de RAM.
- **Espacio en disco duro:** al menos 1 GB de espacio libre en disco.

Para transmisiones en HD (alta definición) es necesario un mínimo de 1 GB de memoria RAM.

 Actividades

6. ¿Cuáles son las principales diferencias de requisitos de *hardware* entre **VLC Media Player y Plex?**
7. ¿Cuántos GB de RAM son necesarios para transmisiones de **Plex** en HD?

3.2. Requisitos SW habituales

VLC está disponible para numerosas y antiguas versiones de sistemas operativos. Solo es necesario disponer de un sistema operativo:

- *Windows XP SP3* o posterior.
- Cualquier distribución *Linux.*
- *Mac OS X* o posterior.

Para *Plex* es necesario disponer de un sistema:

- *Windows 7* o posterior.
- *Mac OS X* o posterior.
- *Ubuntu, Debian, Fedora, CentOS...*

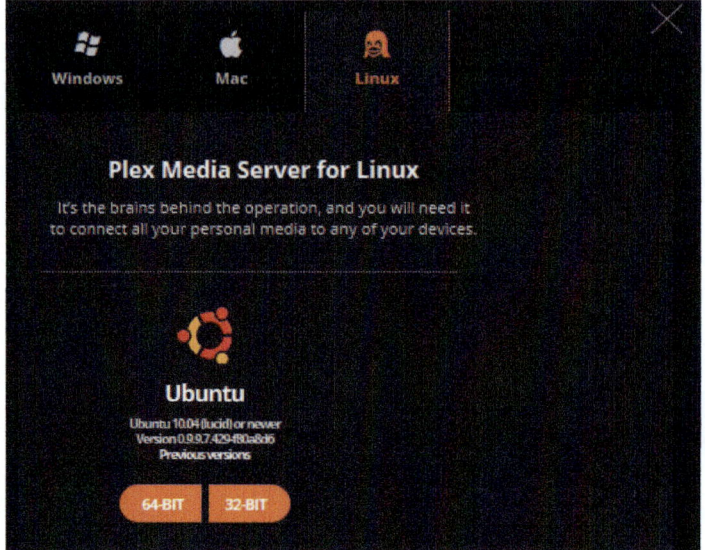

Descarga de Plex Media Server para Linux

Si se trata de otros dispositivos como *smartphones* o *tablets* está disponible para los siguientes sistemas y versiones:

- *IOS* desde la versión 11.0.
- *Android* desde la versión 5.0.

 Actividades

8. ¿Para qué sistemas operativos está disponible ***Plex Media Server?***

4. Características y parámetros de configuración principales

En los siguientes apartados se detallan características y parámetros que deben configurarse en cada una de las plataformas que sirven contenido multimedia a clientes.

4.1. Direccionamiento

Un servidor multimedia debe tener una dirección IP estática. La dirección IP que se le asigna a la plataforma del servidor multimedia es la que tiene el sistema sobre el que se ejecuta.

 Definición

Dirección IP estática
Dirección configurada manualmente en un ordenador o dispositivo informático, es decir, que no se obtiene de forma automática.

Para asignar una dirección IP estática en un sistema *Windows Server 2022* o en un sistema *Windows,* como por ejemplo *Windows 11,* el proceso es el mismo. Ir a **Inicio,** hacer **clic** en **Panel de control** y abrir **Centro de redes y recursos compartidos.**

Centro de redes y
recursos
compartidos

En la parte izquierda de la ventana **Centro de redes y recursos compartidos**
hacer clic sobre **Cambiar configuración del adaptador.**

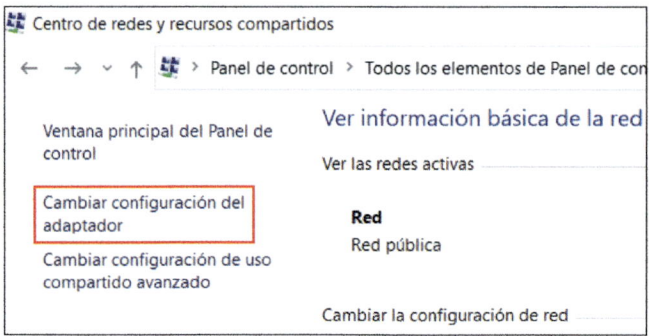

Administrar conexiones de red

En esta carpeta de conexiones de red se muestran los dispositivos que permiten conexiones de red y se realizan las configuraciones necesarias.

Hacer clic con el botón derecho del ratón sobre el dispositivo conectado
a la red que permite al equipo hacer de servidor multimedia y seleccionar
Propiedades.

 Sabía que...

En ***Windows Server 2022,*** si se dispone de un dispositivo de conexión inalámbrico a la red
es necesario agregar y activar dicha opción desde la consola que administra el servidor.

Puede configurarse tanto el protocolo IPv4 como el IPv6, pero lo más nor-
mal es que se trate de una red perteneciente al protocolo IPv4.

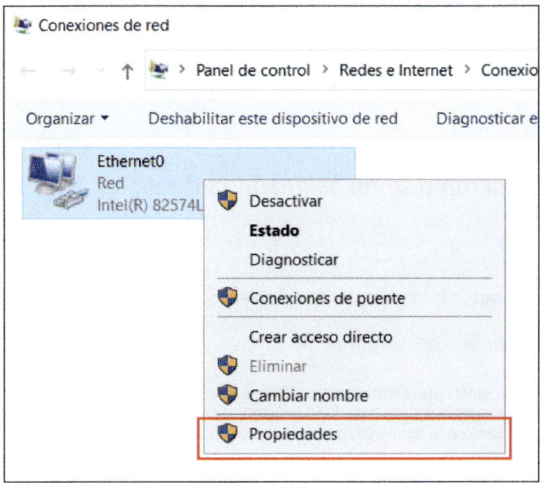

Propiedades de un dispositivo de red

Por lo tanto, seleccionar **Protocolo Internet versión 4 (TCP/IPv4)** y hacer **clic** sobre el botón **Propiedades.**

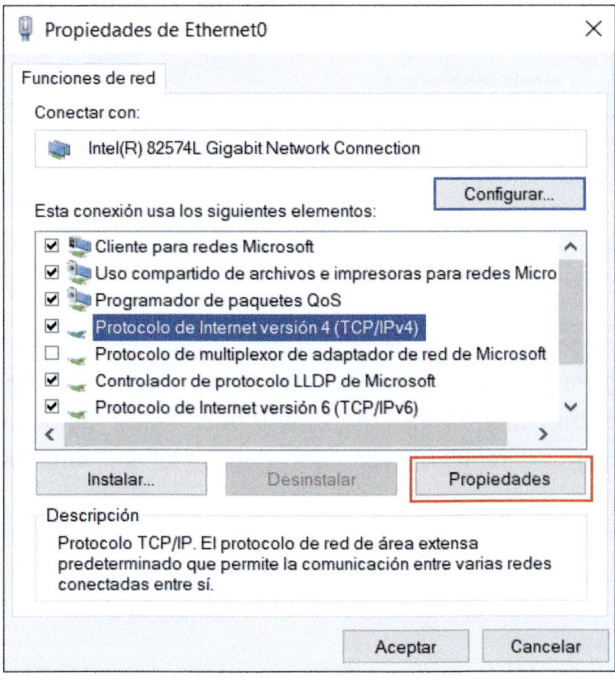

Propiedades de un dispositivo de red

Marcar la casilla **Usar la siguiente dirección IP** y rellenar los campos **Dirección IP,** la cual será la dirección IP del servidor multimedia, **Máscara de subred** y **Puerta de enlace.**

En el siguiente ejemplo se ha asignado la dirección IP 192.168.0.4.

Asignación de dirección IP estática

Para configurar una dirección IP estática en un sistema *Linux,* y concretamente en la distribución *Ubuntu,* hay que ir al icono de red que se encuentra en la parte superior derecha del escritorio y seleccionar **Configuración.**

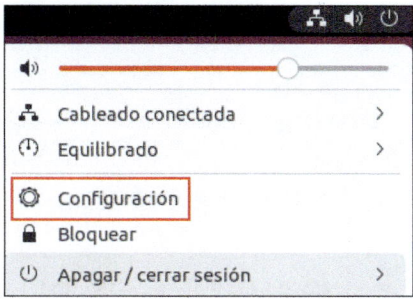

Editar las conexiones en Ubuntu

Seguidamente, hacer clic en la opción **Ajustes.**

 Nota
_____

Ubuntu es una distribución ***Linux*** con *software* libre y código abierto.

_____

Por último, hay que clicar en la pestaña **IPv4,** seleccionar el método **Manual,**
añadir los parámetros correspondientes y **Aplicar.**

Definir una dirección IP en Ubuntu

4.2. Puertos

Los puertos se configuran normalmente durante el proceso de instalación de la plataforma del servidor multimedia, pero es posible realizar modificaciones desde los paneles de administración de los que dispone.

Es recomendable establecer por defecto el número de puerto que aplica la plataforma a cada protocolo, y modificarlo solo en caso de conflictos con otras aplicaciones, ya que en ocasiones el proveedor de servicios de Internet delimita el acceso a determinados puertos por seguridad.

Para cambiar el puerto en *Plex Media Server,* se abre la aplicación y se hace clic en el icono de **Ajustes.**

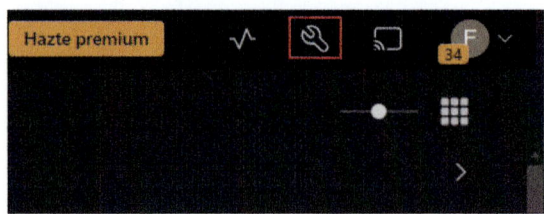

Protocolos HTTP y RTSP en Windows Media Server

En el menú de la columna izquierda, hay que desplazarse hasta **Acceso remoto** y, después de clicar en **Especificar** puerto público manualmente, se cambia el puerto.

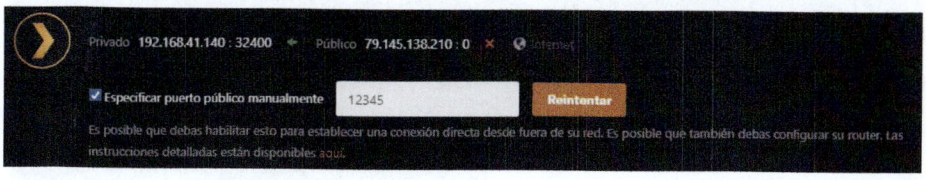

4.3. Permisos

Para gestionar el acceso a contenido multimedia en *Plex Media Server,* se accede a la aplicación y se clica en el icono de Ajustes.

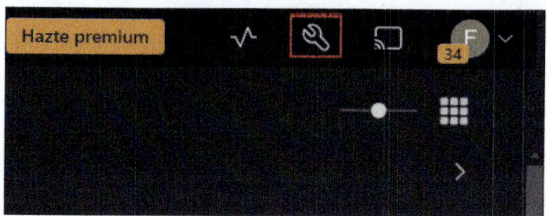

Seguidamente, en el menú de la columna izquierda, se clica **Gestionar acceso a la biblioteca** y en **Conceder acceso a la biblioteca.**

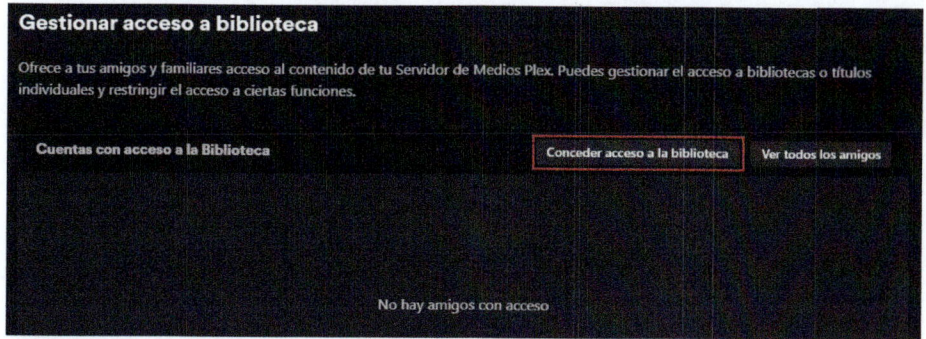

El siguiente paso será añadir el nombre de usuario o correo electrónico del cual se quiere gestionar su acceso, se selecciona y se clica **Continuar.**

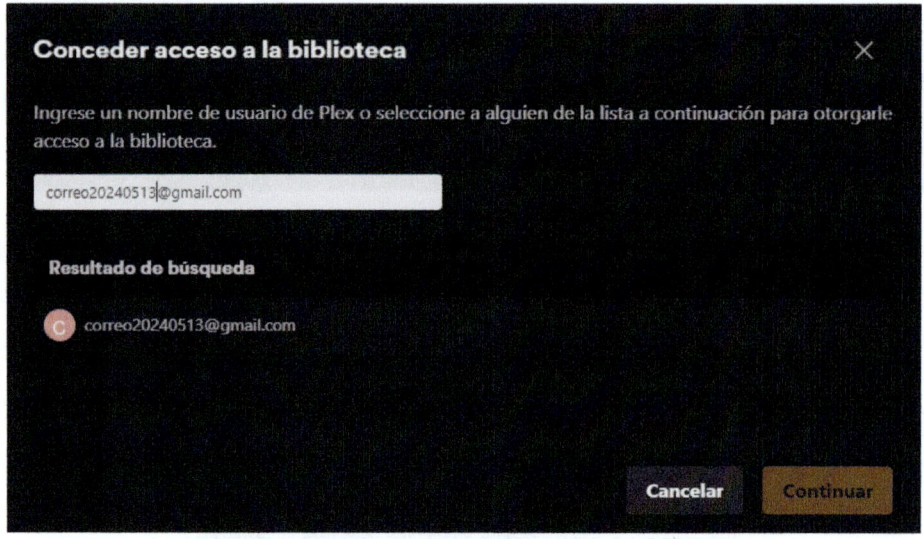

A continuación, se selecciona sobre qué biblioteca aplicar las restricciones y, si se quiere habilitar la descarga de contenido, se clica **Enviar.**

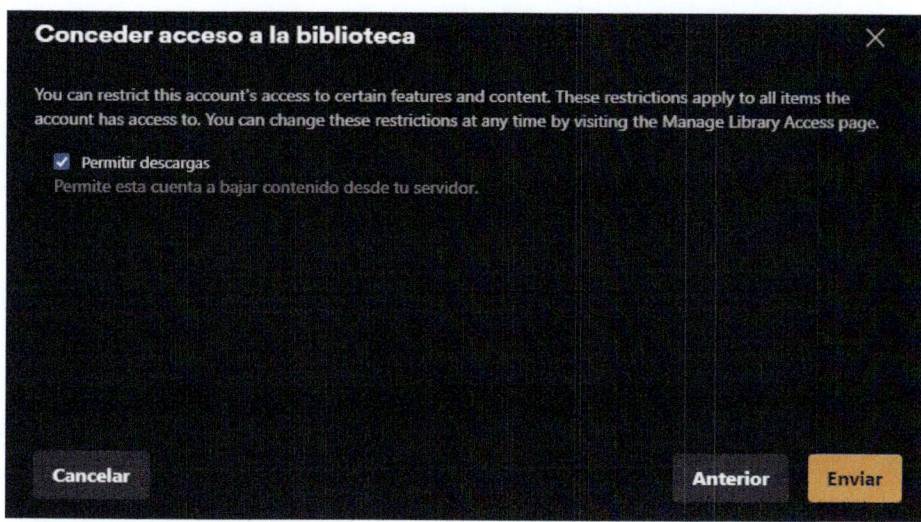

Por último, la aplicación genera un enlace para aceptar la invitación a la vez que envía un correo electrónico; se clica **Finalizar.**

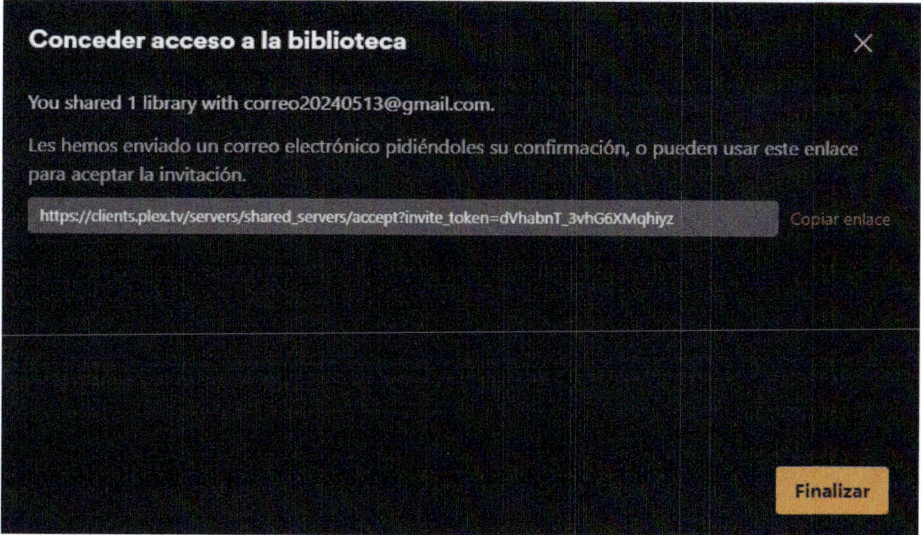

Como se puede observar, al principio, solo el propietario del servidor (la persona que instaló *Plex Media Server)* tiene acceso completo al servidor multimedia. Si se desea compartir con otros usuarios, hay que realizar los pasos anteriores para invitarlos y configurar los permisos de acceso según preferencias. Esto permite controlar quién puede acceder al contenido y qué pueden ver o hacer dentro de *Plex Media Server.*

Actividades

9. Busque en Internet información sobre las diferentes clases de direcciones IPv4.
10. ¿Qué puerto utiliza por defecto *Plex Media Server?*

Aplicación práctica

Se ha instalado un servidor multimedia el cual cada vez que inicia tiene una dirección IP diferente.

Los clientes, cada vez que quieren acceder al contenido multimedia, tienen problemas, ya que deben conocer siempre cuál es la nueva dirección IP.

¿Cómo podría solucionarse dicho problema?

SOLUCIÓN

Para evitar estos problemas se debe asignar al equipo servidor una dirección IP estática para que así siempre tenga el servidor la misma dirección IP y los clientes, una vez que la conozcan, no tengan problemas de acceso.

Para ello, ir a **Panel de control** y abrir **Centro de redes y recursos compartidos**.

Continúa en página siguiente >>

<< Viene de página anterior

En la parte izquierda de la ventana **Centro de redes y recursos compartidos** hacer clic sobre **Cambiar configuración del adaptador.** En esta carpeta de conexiones de red se muestran los dispositivos que permiten conexiones de red y se realizan las configuraciones necesarias.

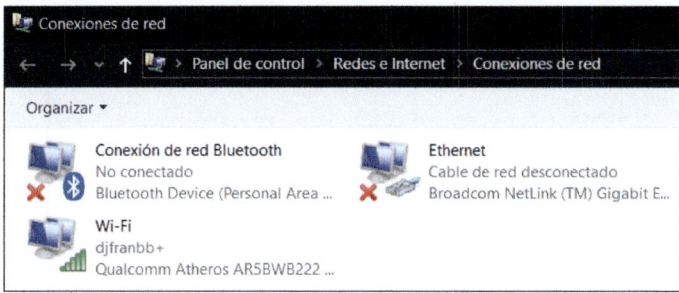

Hacer **clic** con el botón derecho del ratón sobre el dispositivo conectado a la red que permite al equipo hacer de servidor multimedia y seleccionar **Propiedades.**

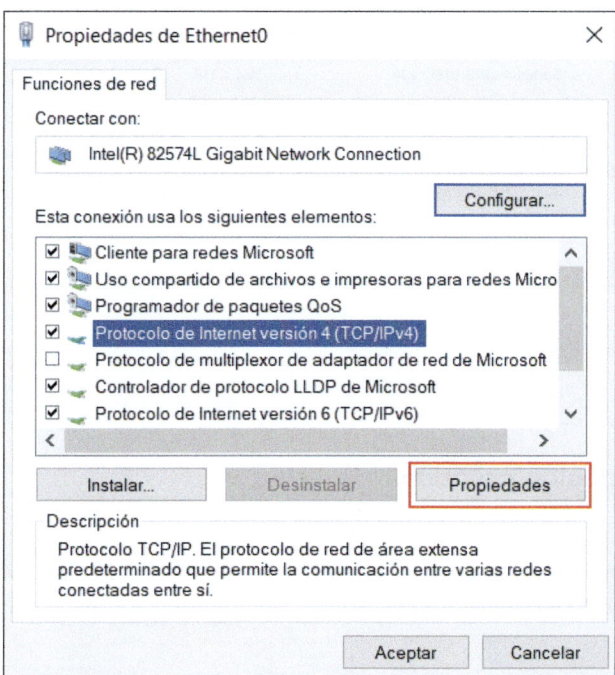

Continúa en página siguiente >>

<< Viene de página anterior

Después, abrir **Protocolo Internet versión 4 (TCP/IPv4)** y hacer clic sobre el botón **Propiedades**.

Marcar la casilla **Usar la siguiente dirección IP** y rellenar los campos **Dirección IP,** la cual será dirección IP del servidor multimedia, **Máscara de subred** y **Puerta de enlace.**

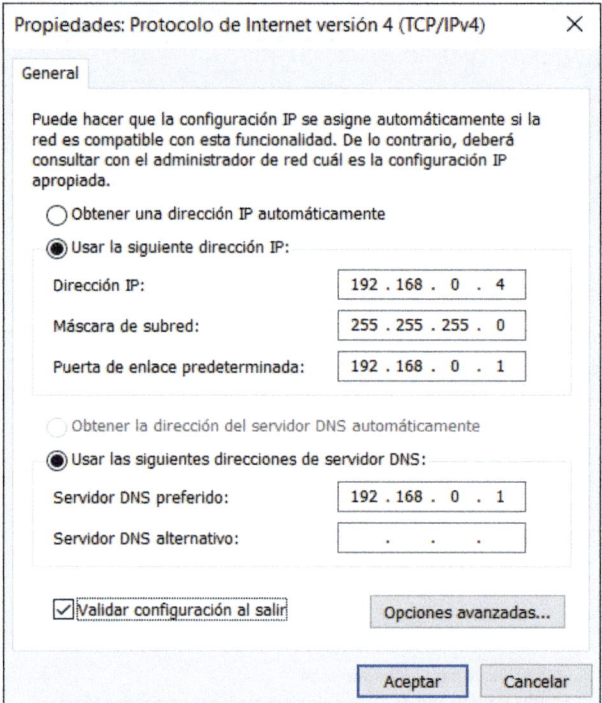

 Aplicación práctica

Se quiere comprobar si se dispone de la última versión de *VLC Media Player* instalada, ¿cómo se podría comprobar?

Continúa en página siguiente >>

<< Viene de página anterior

SOLUCIÓN

Se abre *VLC Media Player* y se clica en la opción Buscar actualizaciones.

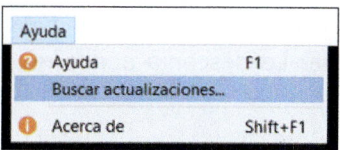

Lo habitual es que el programa esté actualizado y aparezca la siguiente ventana, de lo contrario, hay que proceder a actualizar.

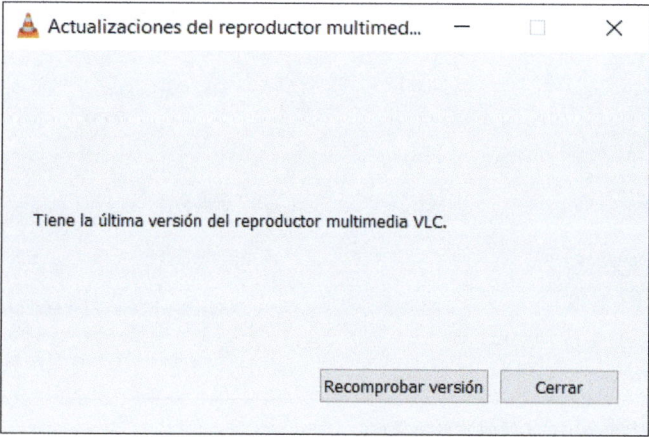

5. Configuración del acceso a contenidos multimedia

La obtención y la reproducción de archivos multimedia dependen del contenido, del servidor y de la plataforma a la que se quiera acceder.

Los parámetros definidos en apartados anteriores también influyen a la hora de permitir o denegar el acceso a distintos clientes o archivos, por ello es conveniente realizar un análisis correcto y establecer direcciones, puertos y permisos ordenadamente, siendo recomendable documentar la configuración establecida para evitar conflictos y denegaciones de acceso.

Para clientes de *Plex* el proceso es sencillo.

Los clientes de la red local deben descargar *Plex* como cliente en función del dispositivo que se trate. La descarga puede realizarse desde el siguiente enlace: https://plex.tv.

Para un ordenador debe seleccionarse la versión *Plex Home Theater*.

Plex, como cliente, está disponible para diferentes dispositivos.

Con solo abrir la aplicación en el equipo cliente se detectará el contenido disponible desde el servidor y podrá reproducirse.

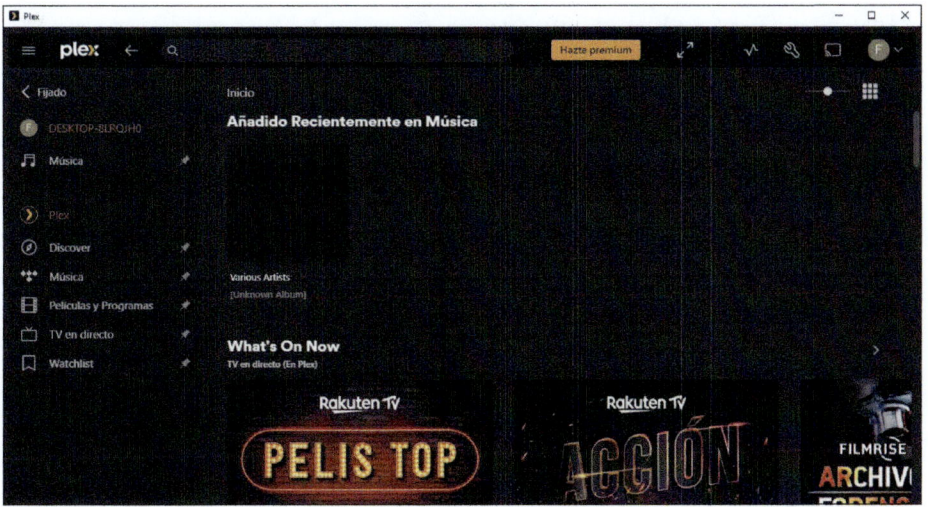

Contenido en Plex for Home Theater

5.1. Acceso anónimo

Actualmente, la protección de datos es algo muy presente. Es por ello que la mayoría de aplicaciones *(Plex Media Server, VLC, Kodi, OBS Studio,* etc) requieren de autenticación (propia de la misma aplicación o de inicio de sesión) para poder disfrutar de su contenido previa aceptación del administrador de la misma.

Hace años, después de la instalación de un servidor multimedia, cualquier usuario de la red local podía acceder al contenido sin ningún control ni necesidad de autenticarse, con solo conocer la dirección del servidor, pero no podía realizar modificaciones ni administrar información, únicamente visualizar.

5.2. Acceso autenticado

Mediante el acceso autenticado se intenta garantizar la seguridad y las credenciales de los usuarios, ya que el usuario debe introducir un nombre de usuario y la contraseña correspondiente. Este es un método de autenticación básico bastante extendido en las redes informáticas.

El acceso autentificado en *Plex Media Server* es fundamental para asegurar que los usuarios que desean acceder al contenido multimedia compartido en el servidor lo hagan de manera segura y controlada. Para comenzar, los usuarios deben crear una cuenta de usuario, lo cual requiere proporcionar una dirección de correo electrónico y establecer una contraseña. Esta cuenta actúa como el método principal de autenticación para todos los accesos subsiguientes al servidor *Plex Media Server* desde diferentes dispositivos compatibles, como computadoras, dispositivos móviles o consolas de juegos.

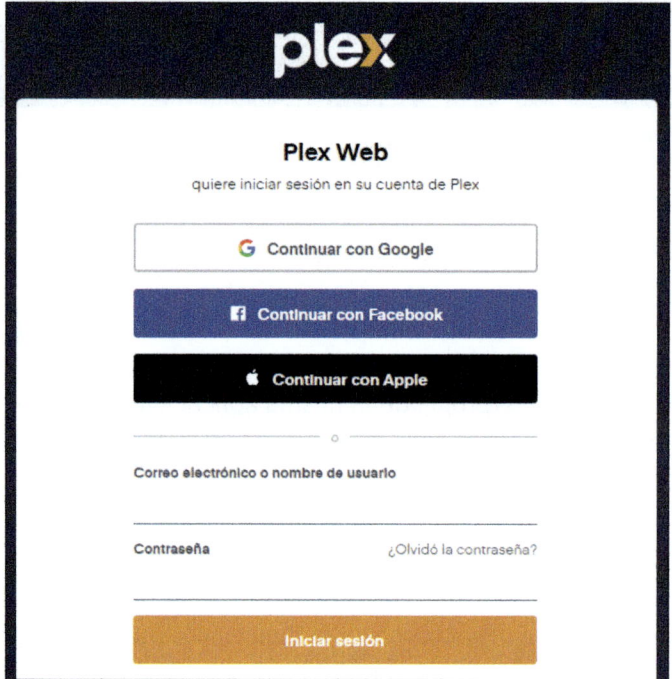

Una vez creada la cuenta, cada usuario debe iniciar sesión desde el dispositivo en el que desean acceder al contenido multimedia. Esto garantiza que *Plex Media Server* pueda verificar la identidad del usuario y autorizar el acceso según los permisos configurados. La gestión de usuarios y permisos es otra faceta crucial del acceso autentificado en el servidor. Los administradores pueden invitar a otros usuarios a unirse al servidor, enviándoles invitaciones desde la configuración de usuarios en la interfaz web de *Plex Media Server*.

Estas invitaciones permiten a los usuarios aceptar y crear sus propias cuentas, otorgándoles acceso al contenido compartido según los permisos establecidos por el administrador. Los administradores pueden definir qué bibliotecas de medios están disponibles para cada usuario, restringir el acceso a contenido sensible o establecer configuraciones adicionales de seguridad y privacidad, según sea necesario. Esto asegura un control preciso sobre quién puede ver qué contenido en el servidor, proporcionando una experiencia personalizada y segura para todos los usuarios involucrados.

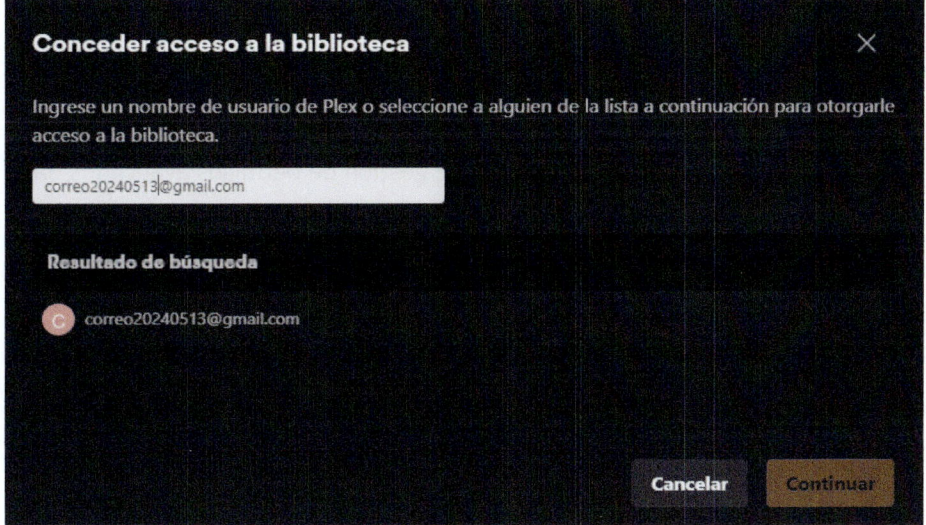

En resumen, el acceso autentificado en *Plex Media Server* no solo protege el contenido multimedia contra accesos no autorizados, sino que también permite a los administradores gestionar de manera efectiva quién puede acceder al servidor y qué contenido específico pueden disfrutar los usuarios, manteniendo así un entorno seguro y controlado para compartir y consumir medios digitales.

Actividades

11. ¿En qué tipo de acceso es necesario identificarse mediante un nombre de usuario y contraseña?

5.3. Máscaras de creación automática de permisos

Actualmente no se usan máscaras de creación automática de permisos como tal en las aplicaciones multimedia más usadas. En general, las aplicaciones que manejan grandes volúmenes de contenido multimedia y múltiples usuarios pueden implementar sistemas de gestión de permisos avanzados para automatizar y simplificar la administración de accesos.

Las máscaras de creación automática de permisos se utilizaban para definir el tipo de permisos que se le asignaba automáticamente a un usuario en el momento de ser creado.

Al ser creado un usuario en *Windows Media Server,* los permisos se asignaban en base a los parámetros configurados por el administrador en las propiedades del servidor multimedia.

Si por ejemplo se creaba un usuario que tenía asignada la dirección IP 192.168.0.35 y en los permisos de direcciones IP se denegó el acceso para el rango 192.168.0.20-40, lógicamente no pudo acceder al contenido.

Para configuraciones más específicas en función del contenido, los permisos y parámetros debían modificarse desde los diferentes puntos de publicación. De esta forma se le asignaban los parámetros correspondientes y establecidos en dichos puntos de publicación.

Por ejemplo, si a un punto de publicación llamado **Música** se le establecía el acceso anónimo y a otro punto llamado **Vídeo** se le asignaba acceso autenticado, los usuarios clientes tenían acceso automáticamente a Música, pero para Vídeo necesitaban autenticarse mediante un usuario y una contraseña.

5.4. Seguridad de acceso

Las plataformas de contenido multimedia requieren de una autenticación para poder modificar parámetros o contenidos multimedia.

Para acceder a la plataforma de *Windows Media Server* es necesario primero haberse identificado con un usuario y contraseña de *Windows Server 2022*.

Ejemplo de cuenta de usuario en Windows Server 2022.

Además, dicho usuario debe tener privilegios como **Administrador** para así tener acceso y control total del equipo y poder realizar cualquier modificación.

Para crear una nueva cuenta en *Windows Server* hay que ir a **Inicio, Panel de control** y abrir **Cuentas de usuario.**

En la ventada de **Cuentas de usuario,** se selecciona **Administrar otra cuenta.**

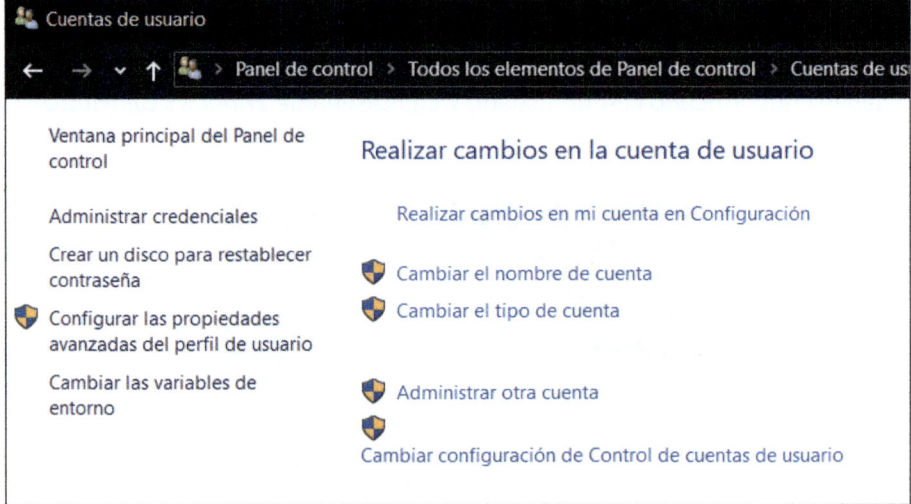

Seguidamente, se selecciona la opción **Agregar un nuevo usuario** en **Configuración.**

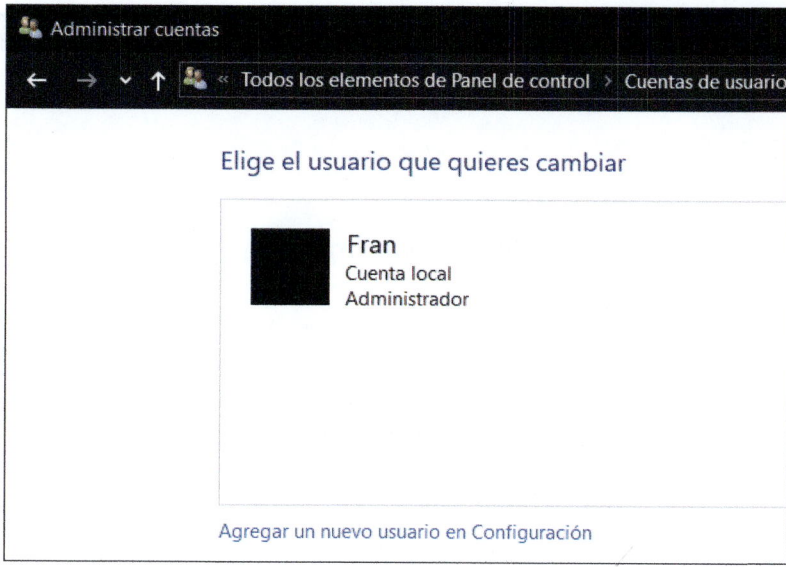

Aparecerá otra pantalla en la que se clica en **Agregar otra persona a este equipo.**

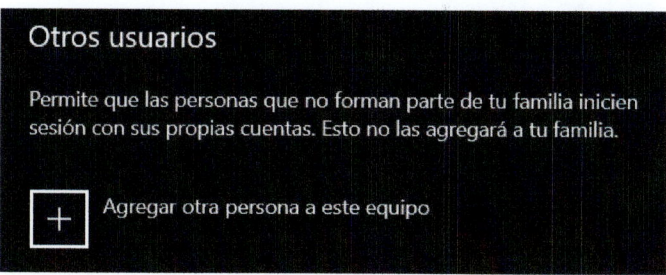

Si se dispone del correo electrónico de dicho usuario, se introducirá, en caso contrario, se selecciona **No tengo los datos de inicio de sesión de esta persona.**

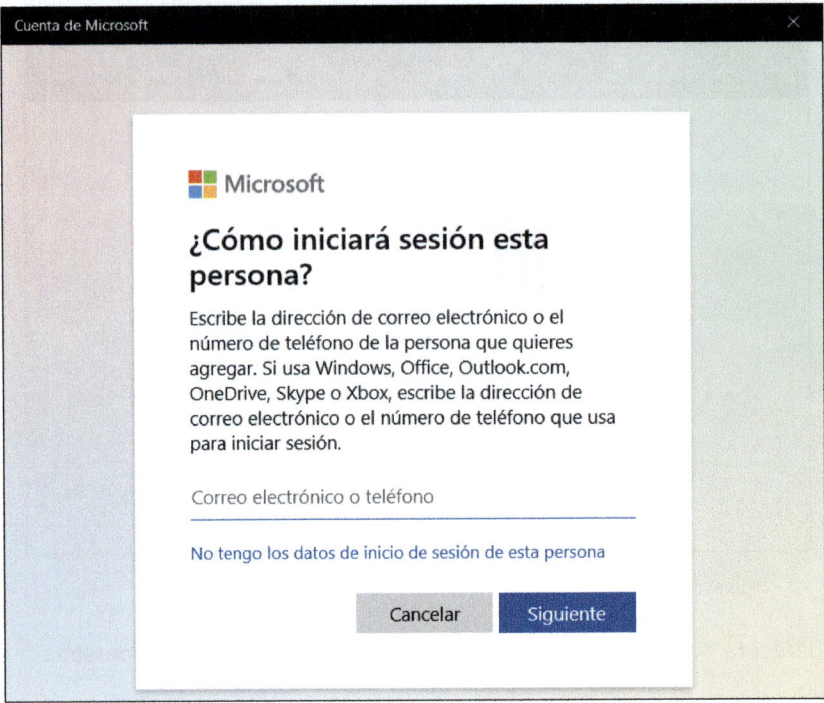

En la siguiente ventana se puede **Crear una cuenta** de usuario de *Microsoft* o **Agregar un usuario sin cuenta Microsoft** (vía por la que se seguirá en este caso).

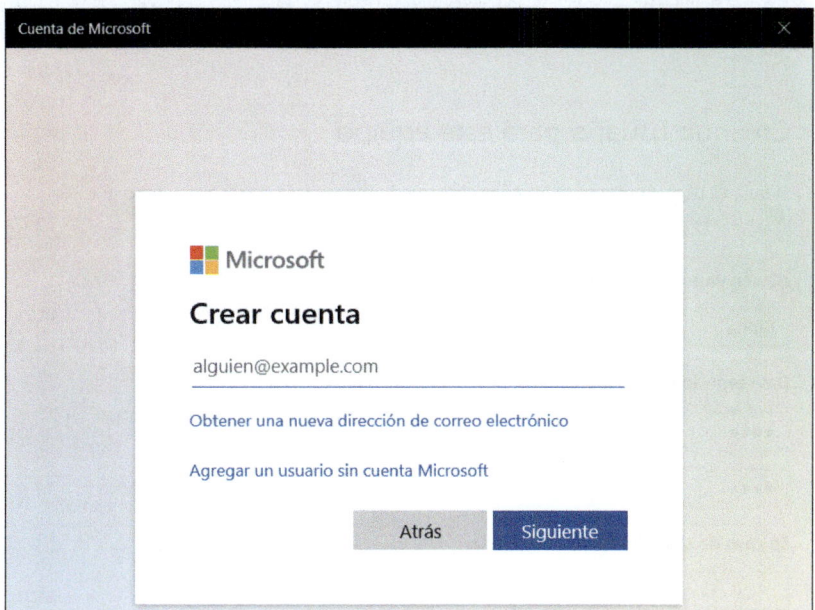

Por último, se rellenan los datos pertinentes para la creación de la cuenta
de usuario y ya estaría creada.

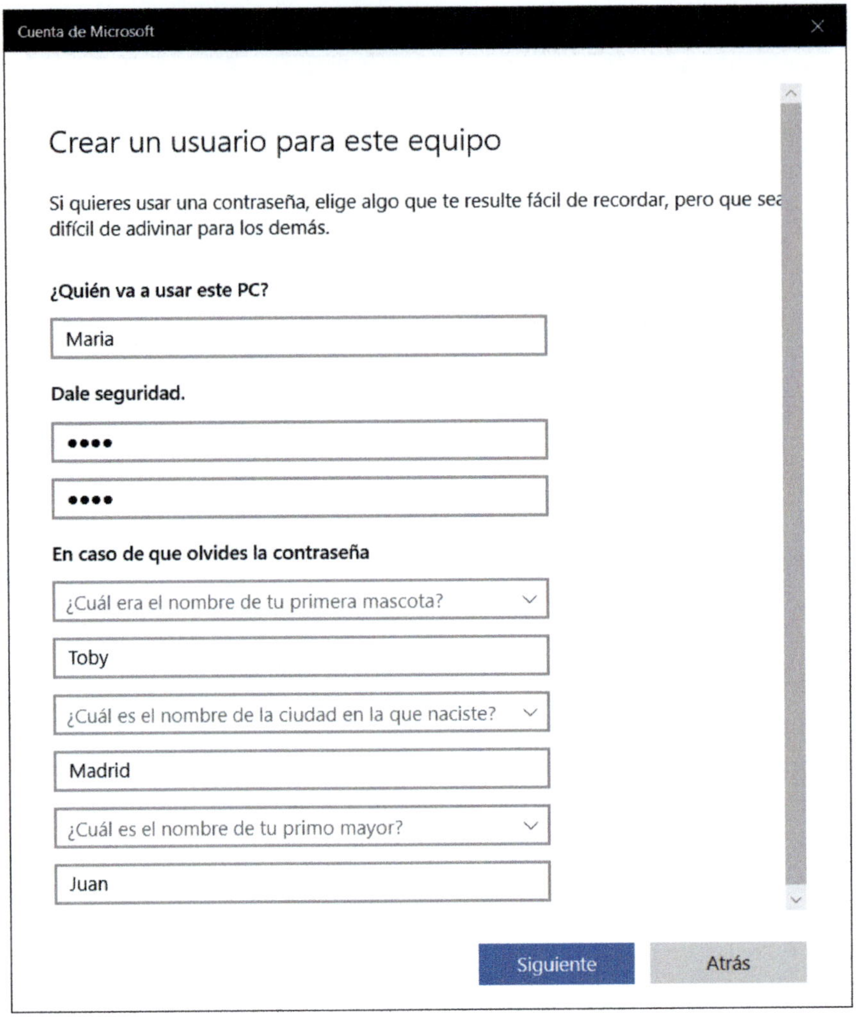

Cuenta de Microsoft   ×

Crear un usuario para este equipo

Si quieres usar una contraseña, elige algo que te resulte fácil de recordar, pero que sea
difícil de adivinar para los demás.

¿Quién va a usar este PC?

Maria

Dale seguridad.

••••

••••

En caso de que olvides la contraseña

¿Cuál era el nombre de tu primera mascota?   ∨

Toby

¿Cuál es el nombre de la ciudad en la que naciste?   ∨

Madrid

¿Cuál es el nombre de tu primo mayor?   ∨

Juan

Siguiente   Atrás

Administrar cuentas

← → ∨ ↑ Todos los elementos de Panel de control > Cuentas de usuario > Administrar cuentas   ∨ Buscar en el Panel d...

Elige el usuario que quieres cambiar

Fran
Cuenta local
Administrador

Maria
Cuenta local
Protegida por contraseña

En caso de querer crear la cuenta de usuario de tipo **Administrador,** en la ventana de cuentas de usuario, se selecciona **Cambiar el tipo de cuenta** y, seguidamente se selecciona **Administrador.**

En *Plex* es necesario introducir un usuario y una contraseña para poder realizar modificaciones, actualizar librerías o cualquier cambio en el servidor.

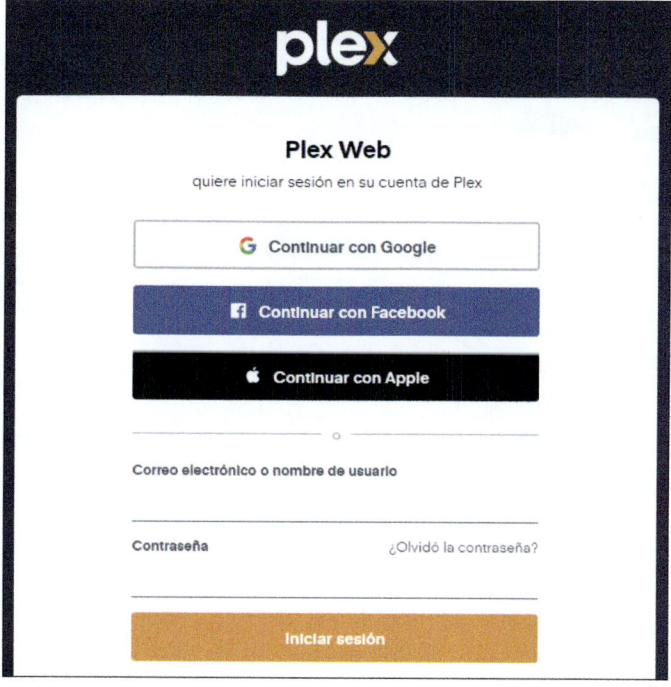

Identificación de usuario en Plex

Actividades

12. ¿Qué tipo de cuenta de usuario puede realizar modificaciones en una aplicación de servidor multimedia, la cual requiere inicio de sesión en *Windows* como método de autenticación?

 **Aplicación práctica**

En la siguiente red de área local se ha instalado un servidor multimedia en el que los equipos clientes acceden a los contenidos a través del navegador de internet.

Uno de los archivos multimedia del servidor es el vídeo **Presentacion.avi**. ¿Cómo pueden acceder los clientes a dicho vídeo?

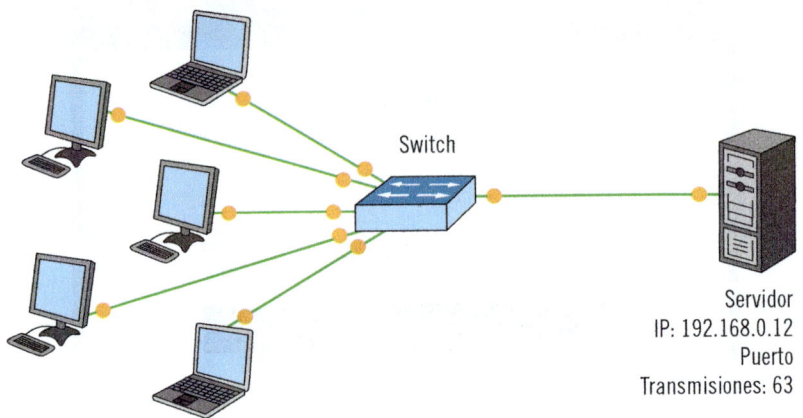

Switch

Servidor
IP: 192.168.0.12
Puerto
Transmisiones: 63

SOLUCIÓN

Viendo que la dirección IP es la 192.168.0.12 y el puerto de transmisiones es el 63, hay que abrir un navegador de Internet e introducir el siguiente link: http://192.168.0.12:63/ramge/ Archive/presentacion.avi.

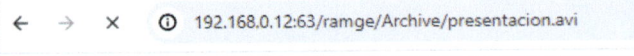

← → ✕ ⓘ 192.168.0.12:63/ramge/Archive/presentacion.avi

Aplicación práctica

En una gran empresa que dispone de múltiples servidores se ha establecido el mismo usuario y contraseña para todos los servidores. Dicha identificación solo debe ser conocida por el personal de informática.

Debido al volumen de contenido multimedia del departamento de *marketing*, se le ha facilitado un servidor con *Windows Server 2022* instalado.

Teniendo en cuenta que en el departamento de *marketing* no deben conocer el usuario y la contraseña común utilizados por los informáticos para autentificarse en los servidores, ¿qué solución podría aplicarse?

SOLUCIÓN

La mejor solución es crear un nuevo usuario y contraseña con permisos de administrador para que pueda administrar el contenido multimedia.

Para crear una nueva cuenta en *Windows Server 2022* hay que ir a **Inicio, Panel de control** y abrir **Cuentas de usuario.**

Cuentas de
usuario

En la ventana **Cuentas de usuario** seleccionar la opción **Administrar otra cuenta** y a continuación **Crear nueva cuenta.**

Por último, se debe introducir un nombre de usuario, seleccionar el tipo de cuenta **Administrador** y establecer una contraseña segura.

Aplicación práctica

Como administrador de un servidor multimedia *Plex Media Server,* se plantea la situación de acceder a dicho servidor sin iniciar sesión desde una red en concreto, ¿cómo se resolvería esta situación?

SOLUCIÓN

Se accede al servidor de *Plex Media Server* y se clica en **Ajustes.**

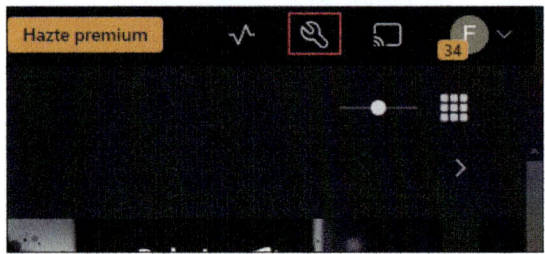

En el menú lateral izquierdo y, dentro del submenú **Ajustes,** hay que desplazarse hasta **Red.** En dicha pantalla hay que situarse en la opción **Lista de direcciones IP y redes** que están permitidas sin autenticación y se rellena el campo con las direcciones IP que se quieren permitir.

Lista de direcciones IP y redes que están permitidas sin autenticación

`192.168.1.123`

Lista de direcciones IP o IP/máscara_de_subred para redes que tienen permitido el acceso al Plex Media Server sin iniciar sesión. Los elementos deben estar separados por comas. Cuando el servidor cierra la sesión, solamente localhost y las direcciones de esta lista podrán acceder a él.

6. Requisitos de sistema para la instalación de servidores de transferencia de archivos multimedia en distintas plataformas

Normalmente, en todos los sistemas donde se vaya a instalar un servidor multimedia se deben cumplir las siguientes características para que los clientes obtengan un rendimiento óptimo de reproducción.

Las características y los requisitos con los que se debe cumplir son los siguientes:

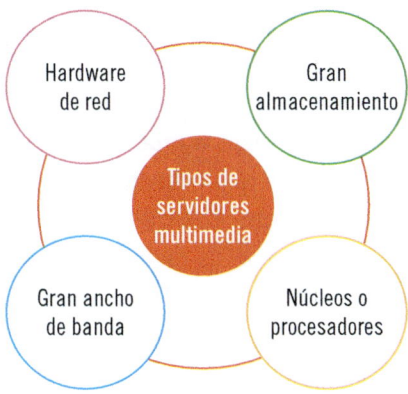

- **Grandes capacidades de almacenamiento:** es indispensable que el sistema disponga de discos de almacenamiento de amplia capacidad o que se puedan instalar varios discos duros. Algunos dispositivos como los NAS utilizan la tecnología RAID, que permite la combinación de varios discos duros comportándose como solo uno, dando así mayor capacidad y fiabilidad. La mayoría de archivos multimedia de hoy en día son de gran calidad, lo que conlleva en muchas ocasiones a que sean muy pesados. Existen algunos modelos de NAS, dispositivos diseñados para almacenar contenidos digitales en la red y servir dicho contenido a clientes, que pueden llegar a tener una gran cantidad de terabytes de datos, y disponen de bahías para conectar más discos duros si fuera necesario.

NAS con cuatro bahías para discos de almacenamiento (© Fotografía: Solomon203 Vía Web - CC BY-SA 3.0)

- **Gran ancho de banda:** otro requisito indispensable. Además de afectar a la velocidad con la que las transmisiones llegan a los usuarios, la calidad de vídeo también disminuye proporcionalmente al ancho de banda. Hay que tener en cuenta, como se explica en el primer capítulo, que el ancho de banda depende considerablemente del número de clientes simultáneos que soliciten transmisiones y contenidos.

- **Un procesador de varios núcleos o procesadores:** cuantos más núcleos o procesadores contenga el sistema servidor, a más clientes será capaz de dar servicio simultáneamente. Los clientes normalmente requieren un tiempo de respuesta mínimo a las tareas que realizan (avanzar, reproducir, retroceder, etc.). Si el procesador del sistema servidor solo dispone de un núcleo, tiene que realizar las operaciones una a una para seguir adelante. Mientras que si se dispone de varios, cada operación se divide entre los núcleos disponibles, lo que conlleva a acelerar considerablemente el rendimiento.

- *Hardware* **de red preparado para altas transmisiones:** las tarjetas de red más adecuadas para este tipo de servicio son las tarjetas de red Ethernet Gigabit, capaces de realizar transmisiones a 1.000 Mbps.

Tarjeta de red (© Fotografía: Barcex Vía Web - CC BY-SA 3.0)

Si se utiliza un dispositivo inalámbrico (wifi) sería recomendable que disponga de al menos de la tecnología IEEE 802.11ac capaz de soportar una velocidad de 1.000 Mbps.

Aunque disponer de los dispositivos conectados inalámbricamente resulta mucho más cómodo, es más aconsejable realizar este tipo de conexiones vía Ethernet, ya que evita problemas seguridad, la velocidad de transmisión es mayor y se producen menos cortes y conflictos.

 Actividades

13. ¿Cuáles son los principales requisitos para instalar un servidor de transferencia de archivos multimedia?
14. Documéntese acerca de los tipos de procesadores actuales y de la cantidad de núcleos que incorporan. Clasifíquelos en una tabla.

7. Resumen

Un servidor multimedia tiene como objetivo principal almacenar contenidos multimedia y facilitarlos cuando reciba peticiones de sus clientes.

Las principales plataformas multimedia son:

- Plex Media Server.
- VLC.

Un servidor multimedia debe tener una dirección IP estática.

Para asignar una dirección IP estática en un sistema *Windows* hay que ir a **Inicio,** hacer clic en **Panel de control** y abrir **Centro de redes y recursos compartidos.**

Para configurar una dirección IP estática en un sistema *Linux* hay que ir al icono de red que se encuentra en la parte superior derecha del escritorio y seleccionar **Configuración.**

Mediante el acceso autenticado se intenta garantizar la seguridad y las credenciales de los usuarios, ya que el usuario debe introducir un nombre de usuario y la contraseña correspondiente.

Los requisitos y las características que deben darse para un rendimiento óptimo de reproducción y transferencia de archivos multimedia son los siguientes:

- Gran capacidad de almacenamiento del servidor.
- Gran ancho de banda.
- Un procesador de varios núcleos.
- Un *hardware* de red preparado para altas transmisiones.

Ejercicios de repaso y autoevaluación

1. Señale cuáles de los siguientes puertos están relacionados con los servidores multimedia.

    a. HTTP.
    b. IMAP.
    c. POP3.
    d. RTSP.

2. El servidor multimedia _____ es el más usado y tiene una versión gratuita y otra de pago.

3. Complete la siguiente oración.

Por dcfccto, *Plcx Mcdia Scrvcr* utiliza cl pucrto _____ y su administración cs mediante una interfaz _____ que se abre en un navegador.

4. Un cliente que quiera acceder a una transmisión en streaming desde *VLC Media Player* debe seguir la siguiente estructura: http://direccion_ip_servidor:Numero_Puerto.

    ☐ Verdadero
    ☐ Falso

5. Nombre algunos de los requisitos y las características que deben darse para un rendimiento óptimo de reproducción y transferencia de archivos multimedia entre sistemas.

_____

_____

6. ¿A qué plataforma multimedia corresponde el siguiente icono: ?

    a. *Helix Universal Media Server.*
    b. *Windows Media Player.*
    c. *Plex.*
    d. *VLC.*

7. ¿Cuáles de las siguientes siglas se corresponden con "alta definición"?

    a. AD.
    b. HD.
    c. HDD.
    d. DA.

8. *VLC Media Player* es un reproductor multimedia de tipo:

    a. *Online*
    b. Aplicación de escritorio
    c. Navegador web
    d. Todas las opciones son correctas.

9. Mencione dos alternativas que sustituyeron a la plataforma multimedia *Adobe Flash.*

_____

_____

10. Complete la siguiente afirmación.

Un servidor multimedia es recomendable que tenga una dirección IP _____.

11. Determine si la siguiente oración es verdadera o falsa.

    a. Kodi permite la transmisión de contenido multimedia desde internet me-
       diante addons y complementos.

        □ Verdadero
        □ Falso

12. **En cuanto a la creación automática de máscaras, se puede decir que:**

   a. Se realiza mediante navegador web.
   b. Actualmente, no se usan como tal en las aplicaciones multimedia más usadas.
   c. En aplicaciones como *Kodi* y *Plex Media Server* son muy utilizadas.
   d. Su uso supone la creación de dos usuarios administradores.

13. **¿A qué velocidad puede llegar a transmitir una tarjeta Gigabit Ethernet?**

   a. 100 Mbps.
   b. 1.000 Mbps.
   c. 10.000 Mbps.
   d. 1024 Mbps.

14. **¿Qué función realiza la tecnología RAID?**

   _____

   _____

15. **¿Para qué sistemas está disponible Plex?**

   a. *Linux.*
   b. *Windows.*
   c. *iOS.*
   d. *Mac OS X.*

Capítulo 3
Administración del servidor multimedia

Contenido

1. Introducción

Una vez instalado y configurado un servidor multimedia, se puede decir que la labor del administrador no ha hecho más que comenzar, ya que es necesario un mantenimiento periódico.

En este mantenimiento se pueden incluir tareas como actualizar el contenido multimedia si se dispone de nuevos archivos, evitar o solucionar conflictos de conexiones que puedan surgir, permitir el acceso a nuevos usuarios clientes, eliminar cuentas de usuarios antiguos, actualizar el *software* del servidor, etc.

A continuación se van a estudiar distintas técnicas y métodos con cada una de las plataformas desarrolladas. Aunque son fáciles de asimilar y comprender, hay que tener cuidado a la hora de realizar cambios, ya que un error puede dejar el servicio inactivo en cualquier momento.

2. Actualización de contenidos multimedia

Es conveniente que una vez instalado y configurado el servidor multimedia se establezca una organización del contenido para que la búsqueda de cualquier archivo y posteriores actualizaciones del contenido resulten eficaces.

Para establecer un servidor organizado, un método muy recomendado y fácil de seguir es clasificar el contenido en función del tipo de archivo en diferentes categorías.

Por ejemplo, vídeo, audio o música, imágenes o fotos, etc. Y dentro de cada categoría crear subcategorías y así sucesivamente mientras se considere necesario, como por ejemplo crear dentro de **vídeo** las subcategorías **series** y **películas,** y dentro crear otras subcategorías como **películas HD, películas VO,** etc.

De esta forma se logra:

■ Que la aplicación se muestre de forma organizada.
■ Una fácil intuición para cualquier usuario cliente para navegar, buscar archivos y comenzar su reproducción.

Normalmente es necesario acceder con un perfil o cuenta de administrador para poder añadir, editar o eliminar cualquier archivo o categoría, ya que solo los usuarios con dicho perfil pueden disponer de dichos privilegios.

 Nota

Es importante establecer desde primera hora una definida estructura, ya que si más adelante se realizan cambios o constantes modificaciones puede suponer un problema para los clientes acceder al contenido deseado.

Plex Media Server

En *Plex*, el contenido multimedia está organizado en **bibliotecas.** Al acceder a la consola de *Plex Media Server*, en el panel izquierdo se muestran las bibliotecas disponibles.

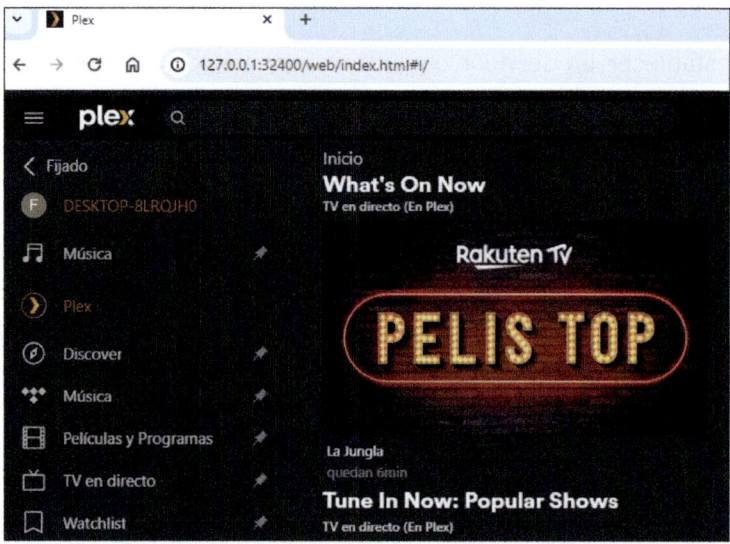

Bibliotecas en Plex Media Server

Al acceder a cualquiera de ellas se muestra el contenido y una serie de botones en la parte superior derecha para la edición de la biblioteca.

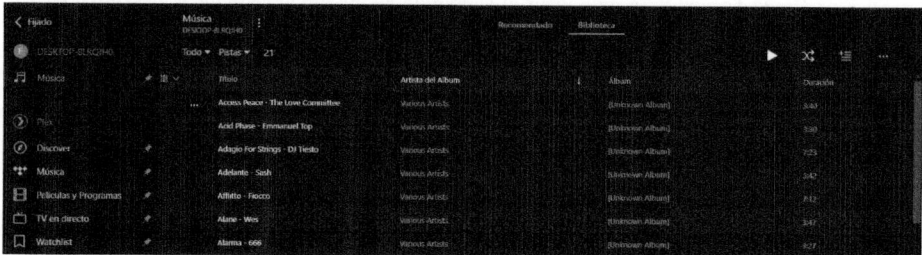

Contenido multimedia y botones de edición

Mediante el botón **Acciones** (tres puntos en vertical) de la biblioteca seleccionada es posible editar la biblioteca. Permite cambiarle el nombre a la biblioteca e incluir o eliminar las carpetas en las que se encuentra el contenido multimedia.

Si se hace clic en **Acciones → Buscar archivos en la biblioteca,** se actualiza y sincroniza el contenido de la biblioteca con las carpetas indicadas.

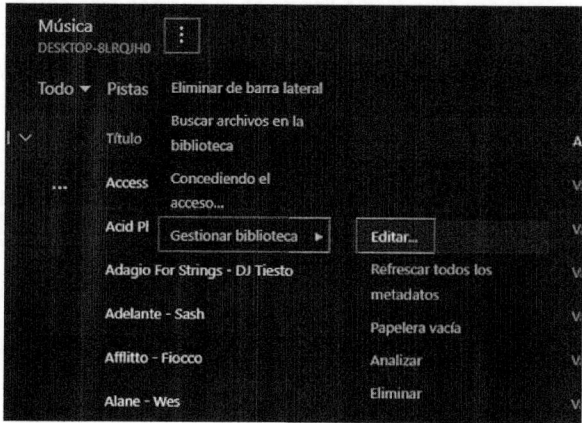

Edición de carpetas en una biblioteca

Nota

En **Plex Media Server,** para actualizar el contenido de las bibliotecas debe insertarse el contenido multimedia en el directorio correspondiente.

Actividades

1. Acceda como administrador a su servidor *Plex Media Server,* añada contenido a una biblioteca de su preferencia y compruebe desde una cuenta de usuario si el contenido está actualizado.

Aplicación práctica

Se dispone de un servidor *Plex Media Server* en el que hay tres categorías: música, vídeo e imágenes. La categoría Música tiene asignada la ruta C:\Users\media server\ Musica. En este directorio hay almacenados bastantes archivos de audio y la unidad C: se encuentra llena, por lo que los nuevos archivos de audio se están almacenando en el equipo en otra partición de disco (D:) con la siguiente ruta: D:\musica.

¿Como podría *Plex* compartir el contenido de ambos directorios simultáneamente desde la categoría Música?

SOLUCIÓN

Plex permite seleccionar varios directorios para cada una de sus bibliotecas indistintamente si proceden de otras particiones o ubicaciones de red.

Para atribuir a una biblioteca diferentes rutas hay que ir a la zona izquierda de la consola de *Plex Media Server,* seleccionar la biblioteca correspondiente, en este caso Música, y hacer clic en el botón **Acciones → Gestionar bibliotecas → Editar.**

Continúa en página siguiente >>

<< Viene de página anterior

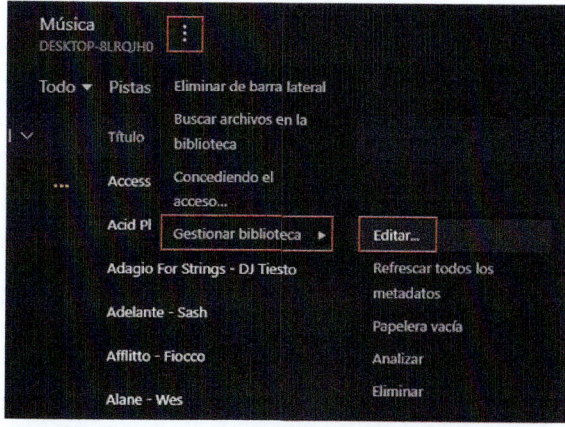

A continuación, hacer clic en **Añadir carpetas** y posteriormente en el botón **Ver carpeta de medios**.

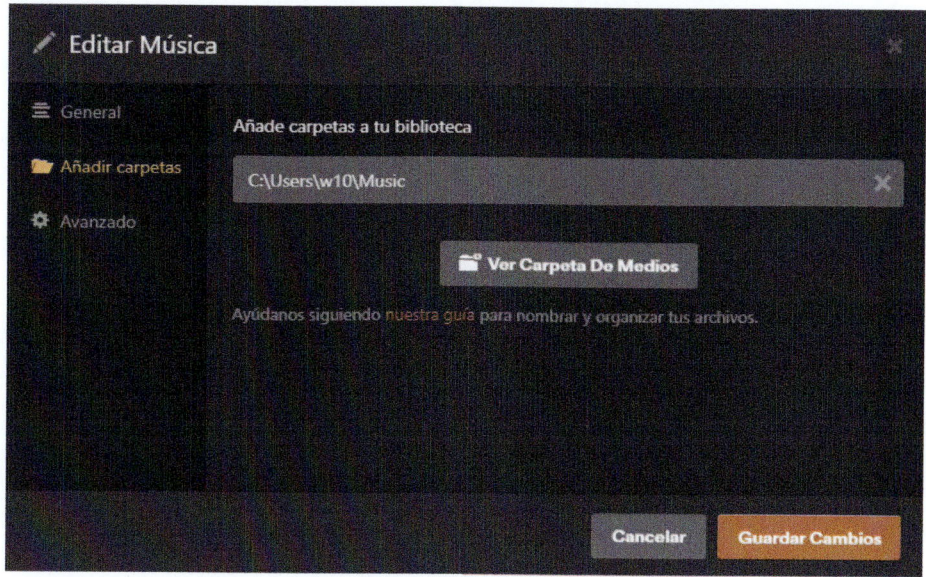

Por ultimo, solo hay que rellenar o indicar la ruta, C:\Users\w10\Music, y hacer clic en el botón **Añadir**.

Continúa en página siguiente >>

<< Viene de página anterior

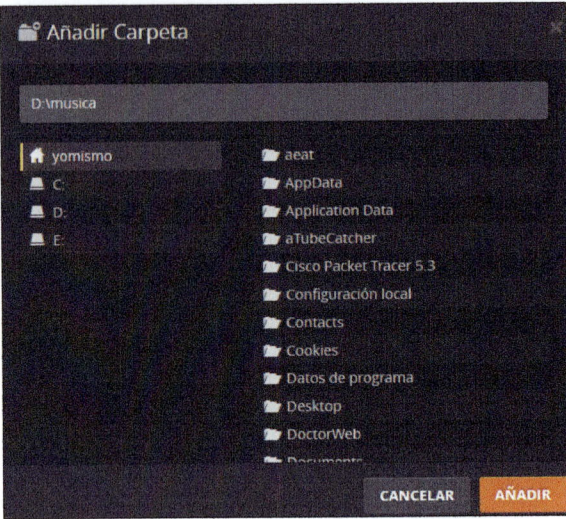

3. Control de versiones

Para comprobar la versión de *Plex Media Server* se hace clic en el icono de
Ajustes y, en la opción *General,* aparecerá.

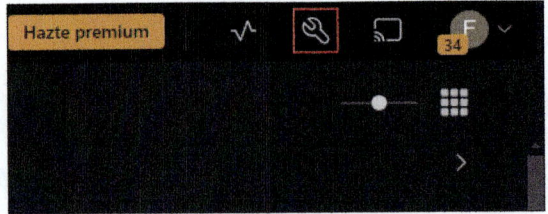

Para visualizar la versión de *VLC Media Player,* se hace clic en el menú
superior **Ayuda → Acerca de.**

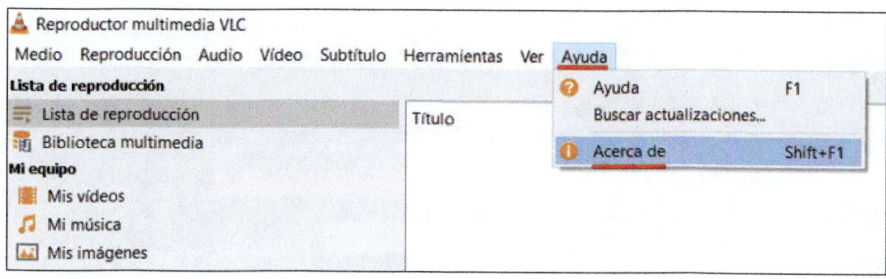

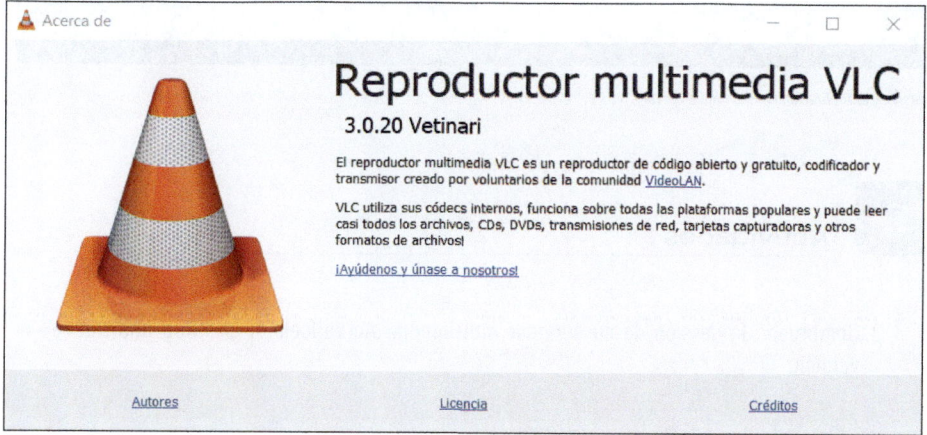

 Nota

Recuerde comprobar cada cierto tiempo si existen nuevas actualizaciones de su plataforma multimedia. Normalmente se incluyen mejoras en el servicio y nuevas funcionalidades.

En *Plex Media Server,* hacer **clic** en la parte superior derecha sobre el botón **Ajustes** ✖. En el primer apartado, **General,** se indica la versión y está disponible el botón **Comprobar actualizaciones** para revisar si existen actualizaciones y proceder a su instalación si así fuera.

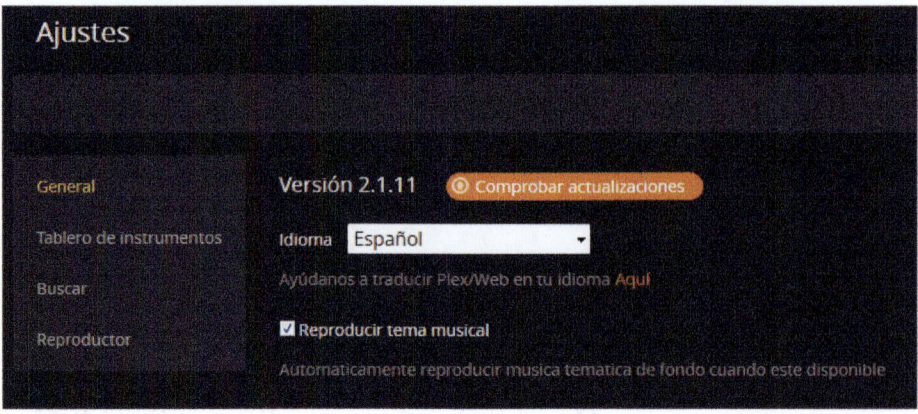

Versión y actualización en Plex Media Server

Actividades

2. Compruebe la versión de su servidor multimedia. Actualícelo si existiera una nueva versión.

4. Cuentas de usuario

Las cuentas de usuario son el medio de autenticación del que disponen los servidores multimedia para acceder a su contenido y gestión. Se distinguen principalmente dos tipos de cuentas, como se indicó en el segundo capítulo: **usuario** (conocida en ocasiones como cliente) y **administrador.**

Una de cuenta de usuario no dispone de los privilegios para realizar cambios que afecten a otros a usuarios. Es decir, actúa como cliente, solo puede navegar para visualizar el contenido multimedia y reproducir los archivos deseados.

Una cuenta administrador, además de poder acceder a la consola del servidor multimedia, tiene siempre los permisos necesarios para modificar los diferentes parámetros del servidor y añadir, eliminar o editar el contenido multimedia y sus respectivas categorías.

Dado que un servidor puede ser gestionado por varios administradores y disponer de muchos usuarios clientes, se recomienda ir anotando en un documento cada una de las cuentas creadas y el tipo de cuenta del que se trata.

En *Windows Server 2022,* para ver, crear o eliminar las diferentes cuentas hay que ir a **Panel de control** y abrir **Cuentas de usuario.**

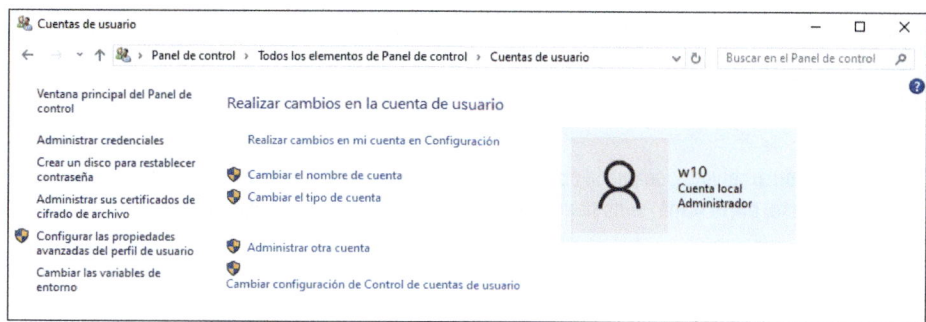

Diferentes cuentas en Windows Server 2022

Se muestra una lista con el nombre, los privilegios de los que dispone y si está protegida por contraseña.

 ## Actividades

3. Cree una cuenta de usuario estándar en *Windows* para su posterior uso como usuario cliente de una aplicación multimedia de escritorio.

5. Registros del sistema *(logs)*

Un archivo *log* es un archivo donde se almacena un registro de toda la actividad y los eventos que suceden en un sistema. Este tipo de archivos es muy común entre los diferentes sistemas operativos, sobre todo en sistemas servidores, ya que pueden resultar determinantes para conocer y resolver cualquier incidencia producida.

A través de un *log* en un servidor multimedia se puede encontrar información sobre los accesos de usuarios, la hora, los errores, las incidencias, las descargas, las reproducciones, etc.

Nota

A partir de un archivo *log* se puede obtener un análisis del rendimiento del servidor, pudiendo determinarse, entre otros, si es necesario agregar más recursos al sistema.

Plex Media Server almacena por defecto los archivos *logs* en la ruta unidad\ users\nombre_usuario\AppData\Local\Plex Media Server\Logs.

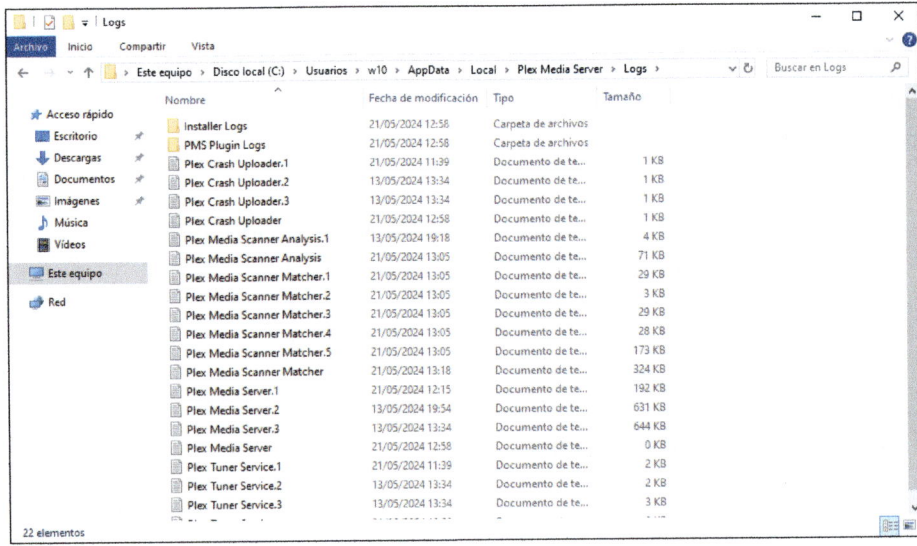

Diferentes archivos logs de Plex Media Server

Para desactivar la creación de archivos *logs* en *Plex Media Server* hay que hacer clic en el icono **Ajustes.** En la opción **General,** al hacer clic, se deshabilita la opción *Habilita el registro detallado de Plex Media Server.*

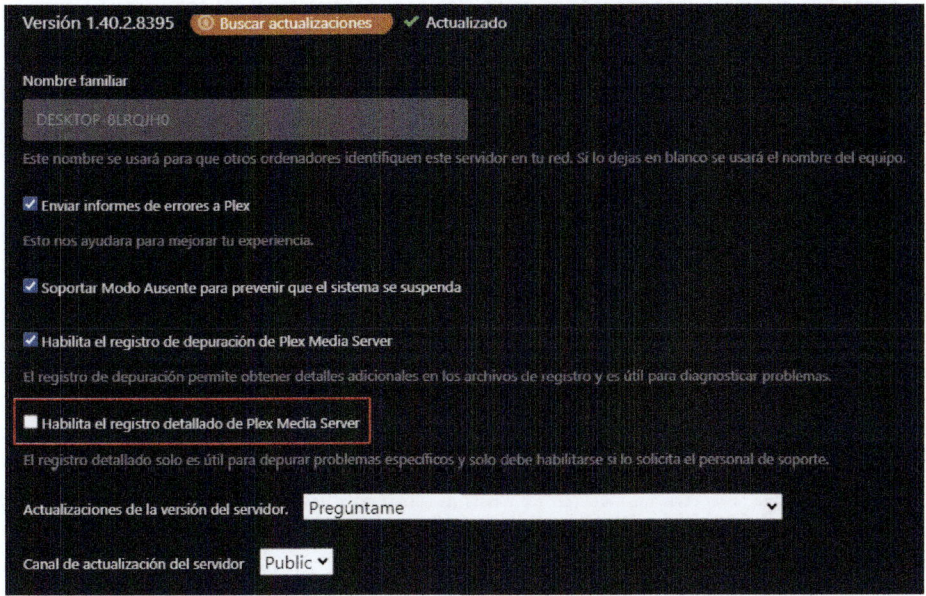

Activar/desactivar log en Plex Media Server

Actividades

4. Compruebe en la aplicación *Plex Media Server* si los logs (Registro detallado de *Plex Media Server)* están activados, en caso contrario, actívelos. Compruebe físicamente, en la ruta de los mismos, que aparecen dichos archivos logs.

Aplicación práctica

Se dispone de un servidor multimedia con *Plex Media Server,* el cual está constantemente encendido. Debido a unas necesarias actualizaciones del sistema y del *software* va a ser necesario parar el servicio multimedia del equipo en unos días, lo cual afectará durante unas horas a los usuarios que intenten acceder a cualquier contenido multimedia.

¿Como podría conocerse en qué horario acceden menos usuarios clientes al servidor para así afectar a los menos posibles y realizar las actualizaciones en ese momento?

SOLUCIÓN

Para conocer la cantidad de clientes que se conectan al servidor y el horario se puede acceder a la ruta de logs de Plex Media Server, normalmente 'C:\Users*[tu usuario]*\AppData\Local\Plex Media Server\Logs', y revisar los archivos log.

```
Plex Media Server.log: Bloc de notas                                                          —    □    ×
Archivo  Edición  Formato  Ver  Ayuda
Jul 08, 2024 15:46:50.478 [7692] DEBUG - Completed: [127.0.0.1:49865] 200 GET /status/sessions (3 live) #149 GZIP 0ms 350 bytes  ^
Jul 08, 2024 15:47:00.480 [4548] DEBUG - Request: [127.0.0.1:49865 (Loopback)] GET /:/timeline?ratingKey=9&key=%2Flibrary%2Fmeta
Jul 08, 2024 15:47:00.481 [4548] DEBUG - [Req#14a] Client [bv7bzhvbr4qcn82r4dy8rw05] reporting timeline state paused, progress c
Jul 08, 2024 15:47:00.481 [4548] DEBUG - [Req#14a] [Now] User is franciscojavier875 (ID: 1)
Jul 08, 2024 15:47:00.482 [4548] DEBUG - [Req#14a] [Now] Device is Chrome (Chrome).
Jul 08, 2024 15:47:00.484 [4548] DEBUG - [Req#14a] [Now] Profile is Web
Jul 08, 2024 15:47:00.484 [4548] DEBUG - [Req#14a] [Now] Updated play state for /library/metadata/9.
Jul 08, 2024 15:47:00.484 [4548] DEBUG - [Req#14a] Statistics: (cmk6fdp8twl0swjk9kx2abav) Reporting active playback in state 1 c
Jul 08, 2024 15:47:00.485 [7692] DEBUG - Completed: [127.0.0.1:49865] 200 GET /:/timeline?ratingKey=9&key=%2Flibrary%2Fmetadata%
Jul 08, 2024 15:47:00.492 [4548] DEBUG - Request: [127.0.0.1:49865 (Loopback)] GET /status/sessions (3 live) #14d GZIP Signed-in
Jul 08, 2024 15:47:00.492 [4548] DEBUG - [Req#14d] [Now] Adding 2 sessions.
Jul 08, 2024 15:47:00.492 [7648] DEBUG - Completed: [127.0.0.1:49865] 200 GET /status/sessions (3 live) #14d GZIP 0ms 350 bytes
Jul 08, 2024 15:47:10.489 [4548] DEBUG - Request: [127.0.0.1:49865 (Loopback)] GET /:/timeline?ratingKey=9&key=%2Flibrary%2Fmeta
Jul 08, 2024 15:47:10.490 [4548] DEBUG - [Req#14e] Client [bv7bzhvbr4qcn82r4dy8rw05] reporting timeline state paused, progress c
Jul 08, 2024 15:47:10.490 [4548] DEBUG - [Req#14e] [Now] User is franciscojavier875 (ID: 1)
Jul 08, 2024 15:47:10.490 [4548] DEBUG - [Req#14e] [Now] Device is Chrome (Chrome).
Jul 08, 2024 15:47:10.493 [4548] DEBUG - [Req#14e] [Now] Profile is Web
Jul 08, 2024 15:47:10.493 [4548] DEBUG - [Req#14e] [Now] Updated play state for /library/metadata/9.
Jul 08, 2024 15:47:10.493 [4548] DEBUG - [Req#14e] Statistics: (cmk6fdp8twl0swjk9kx2abav) Reporting active playback in state 1 c
Jul 08, 2024 15:47:10.495 [7648] DEBUG - Completed: [127.0.0.1:49865] 200 GET /:/timeline?ratingKey=9&key=%2Flibrary%2Fmetadata%
Jul 08, 2024 15:47:10.500 [4548] DEBUG - Request: [127.0.0.1:49865 (Loopback)] GET /status/sessions (3 live) #151 GZIP Signed-in
Jul 08, 2024 15:47:10.500 [4548] DEBUG - [Req#151] [Now] Adding 2 sessions.
Jul 08, 2024 15:47:10.500 [7692] DEBUG - Completed: [127.0.0.1:49865] 200 GET /status/sessions (3 live) #151 GZIP 0ms 350 bytes
Jul 08, 2024 15:48:47.818 [2352] DEBUG - [Req#68/Transcode] Streaming Resource: Timing out session 000001A7E4ABB7E0:o43rbfih38r2
Jul 08, 2024 15:48:47.818 [2352] DEBUG - [Req#68/Transcode] Streaming Resource: Terminated session 000001A7E4ABB7E0:o43rbfih38r2
Jul 08, 2024 15:48:47.818 [2352] DEBUG - [Req#68/Transcode] Streaming Resource: Removing session 000001A7E4ABB7E0:o43rbfih38r27c
Jul 08, 2024 15:48:47.819 [4596] DEBUG - [Now] Removing idle session for device o43rbfih38r27oe9884exj1b_Track.
Jul 08, 2024 15:48:47.819 [4596] DEBUG - Statistics: (cmk6fdp8twl0swjk9kx2abav) Reporting active playback in state 3 of type 10  ˅
- Access Peace - ...                                              Línea 1, columna 1    100%   Windows (CRLF)   UTF-8
```

6. Resumen

Plex Media Server reconoce todos los archivos multimedia que haya alojados en la carpeta de origen y los organiza en bibliotecas para que estén relativamente organizados, independientemente de que estén ordenados o no dentro de la carpeta del ordenador.

Las cuentas de usuario son el medio de autenticación del que disponen los servidores multimedia para acceder a su contenido y gestión.

Un archivo *log* es un archivo donde se almacena un registro de toda la actividad y los eventos que suceden en un sistema. A través de un *log* en un servidor multimedia se puede encontrar información sobre los accesos de usuarios, la hora, los errores, las incidencias, las descargas, las reproducciones, etc.

Ejercicios de repaso y autoevaluación

1. El reproductor más usado en *Windows* y que viene por defecto se denomina:

    a. *Windows Reproduce*
    b. *VLC Media Player*
    c. *Kodi*
    d. *Reproductor Multimedia*

2. Un _____ es un archivo donde se almacena un registro de toda la actividad y los eventos que suceden en un sistema.

3. Indique cuál de las siguientes afirmaciones es verdadera o falsa.

    a. En *Plex*, el contenido multimedia está organizado en bibliotecas. Al acceder a la consola de *Plex Media Server*, en el panel izquierdo se muestran las bibliotecas disponibles.

        ☐ Verdadero
        ☐ Falso

    b. Es necesario reiniciar la consola del servidor *Plex* cada vez que se realizan cambios para que se establezcan las modificaciones realizadas.

        ☐ Verdadero
        ☐ Falso

4. Complete las siguientes afirmaciones.

Con _____, los usuarios pueden añadir y/o *add-ons* para ver contenido de varias fuentes en línea, como películas y series de televisión.

Al configurar *Plex Media Server*, se puede habilitar el acceso _____ para transmitir el contenido mientras está fuera de casa.

5. El botón...

    a. ... da la posibilidad de agregar nuevos elementos multimedia a un punto de publicación en *Windows Media Server.*
    b. ... se utiliza para crear cuentas de usuario en *Windows Media Server.*
    c. ... permite crear nuevas bibliotecas en *Plex Media Server.*
    d. ... actualiza el contenido de cualquier servidor multimedia.

6. ¿Cómo se puede conocer la versión de un servidor *Plex Media Server?*

_____

_____

7. ¿En qué servidor las cuentas de usuario deben ser invitadas por el propietario del mismo?

    a. *Windows Media Server.*
    b. *Helix Universal Media Server.*
    c. *Plex Media Server.*
    d. Todas las opciones anteriores son incorrectas.

8. El icono siguiente corresponde a la utilidad _____.

9. En la pestaña Ayuda de *VLC Media Player* se puede:

    a. Cambiar el tema de la aplicación
    b. Chatear con un agente
    c. Ver archivos logs
    d. Comprobar/actualizar la aplicación

10. ¿A qué corresponde el contenido de la siguiente ventana?

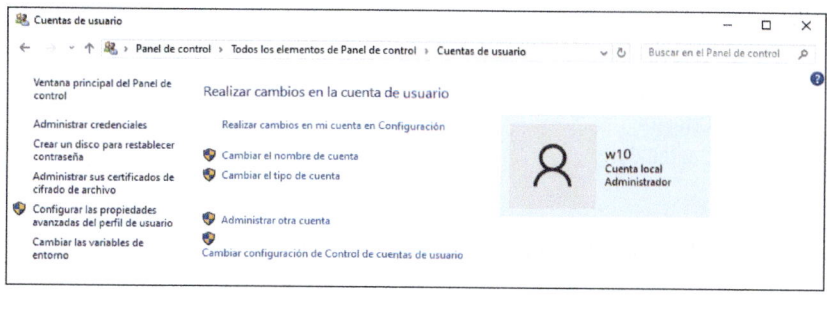

11. La principal diferencia entre una cuenta de administrador y de usuario es que...

   a. ... una cuenta administrador solo gestiona contenido, mientras que el usuario solo reproduce contenido.

   b. ... el administrador dispone de privilegios para realizar cambios que afectan a otros usuarios.

   c. ... el administrador gestiona los atributos de conexión del servidor (puertos HHTP, RTSP, dirección IP, nombre del servidor) y el usuario se encarga de crear y modificar categorías.

   d. Todas las opciones anteriores son incorrectas.

12. ¿Cómo es posible conocer la versión de *VLC Media Player* instalada en un equipo?

   a. En Panel de control abrir Agregar o quitar programas y a continuación buscar *VLC Media Player.*

   b. Dentro de *VLC Media Player,* en la pestaña Versión de *Windows Media Server.*

   c. Dentro de *VLC Media Player,* en la pestaña Ayuda y a continuación seleccionando Control de versiones.

   d. Dentro de *VLC Media Player,* en la pestaña Ayuda y a continuación seleccionando Acerca de.

13. Para actualizar el contenido o agregar nuevos archivos a alguno de los puntos de publicación de *Windows Media Server* hay que hacer doble clic sobre el punto de publicación deseado y a continuación seleccionar la pestaña _____.

     a. Actualizaciones.
     b. Agregar.
     c. Origen.
     d. Contenido.

14. Complete la siguiente oración.

En la interfaz web de *Plex Media Server,* para comenzar el proceso de agregar contenido hay que hacer clic en el botón Añadir _____.

15. Complete la siguiente oración.

_____ es la elección principal para *streamers* de videojuegos que desean transmitir partidas en vivo, comentarios y eventos relacionados con *gaming.*

Capítulo 4
Auditoría del servicio multimedia

Contenido

1. Introducción

Hasta ahora se ha estudiado cómo implantar, configurar y administrar un servidor multimedia. Pero todo ello puede no servir si una vez funcionando surgen problemas o situaciones inesperadas y no se tienen conocimientos para afrontarlos.

En este capítulo se da a conocer una serie de conceptos que ayudan a mantener el correcto funcionamiento de los servicios multimedia mediante el uso de herramientas y varias medidas preventivas que se deben tener en cuenta.

Además, se enumeran varios comandos que facilitan conocer rápidamente qué equipos están disponibles en la red y la ruta que siguen para recibir servicios multimedia y realizar peticiones.

Por último, se explica cómo es posible configurar un sistema multimedia para que en caso de que se produzcan errores en cualquier servidor, ya sean de *hardware* o *software,* los clientes no se vean afectados en ningún momento.

2. Medición y evaluación de la calidad de servicios multimedia

Facilitar una calidad de servicio (QoS, *quality of service)* óptima para los usuarios o clientes es un aspecto fundamental.

Definición

QoS o calidad del servicio
Rendimiento medio de una red de dispositivos informáticos o telefónicos.

Cuando se habla de medir y evaluar la calidad del servicio en términos relacionados con las telecomunicaciones y la informática se hace referencia a la percepción del cliente sobre el servicio que le prestan. Estas características pueden depender en gran parte de la percepción subjetiva del cliente, lo que quiere decir que no es fácil su cuantificación.

Calidad de servicio engloba todos los aspectos necesarios para realizar una conexión y, en el caso de servicios multimedia, se deben analizar principalmente los siguientes aspectos:

- La calidad de imagen.
- La velocidad de la red.
- La frecuencia con la que se producen cortes en la red.
- La frecuencia de pérdida de imágenes.
- La sincronización entre el vídeo y el audio.

Para garantizar una calidad del servicio óptima se necesita una efectiva coordinación entre todos los dispositivos y los componentes del sistema, desde los servidores hasta los clientes y los elementos de red. Para ello se debe realizar un análisis en el que se estudien todos los componentes del sistema y no solo individualizando cada componente.

La calidad de servicio (QoS), en el caso de un sistema de servicios multimedia, influye principalmente en los siguientes aspectos:

- Planificación de la CPU.
- Planificación de red.
- Planificación de disco.

Aspectos en los que influye la calidad de servicio

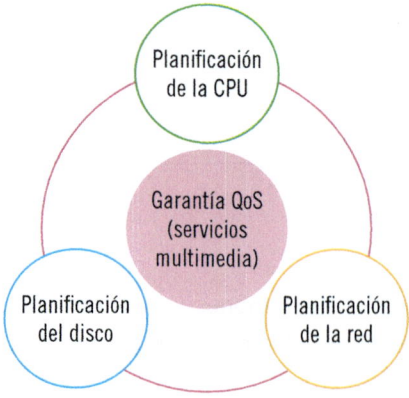

Los sistemas multimedia necesitan de una planificación de tiempo real muy estricta en la que se asegure que una tarea recibe servicio en un periodo de tiempo garantizado. Este servicio depende en gran medida de la CPU, lo que quiere decir que el equipo servidor debe disponer de una CPU lo más actual posible.

La **planificación de red** es el aspecto que más puede influir en un servicio multimedia. Disponer de un amplio ancho de banda es determinante para garantizar el servicio.

Si aun disponiendo de un alto ancho de banda existen problemas de red, hay técnicas que ayudan a reducir los requisitos de ancho de banda, como son el *prefetching* y el *smoothing*:

- **Prefetching:** el objetivo de esta técnica es enviar datos por adelantado al servidor y aprovechar los tiempos en los que el sistema está inutilizado. Con esta técnica, además de poder reducirse los requisitos de tiempo real, se optimizan los recursos del sistema.
- **Smoothing:** es una conocida técnica que emplea el *buffer* de los clientes para enviarle datos mientras reproduce. De esta forma se consigue reducir la posibilidad de que los usuarios sufran retardos.

Los contenidos multimedia, y concretamente los de vídeo, pueden resultar muy pesados, lo que conlleva que sea necesario disponer de discos duros de alta capacidad.

Una solución en algunos casos es interconectar varios discos haciendo que funcionen como si fueran solo uno; es decir, una sola unidad lógica mediante la técnica RAID. Con esta técnica se consigue un mayor rendimiento, ya que se dispone de mayor integridad, mayor tolerancia a errores y, lógicamente, mayor capacidad.

A continuación se ejemplifica una breve evaluación técnica sobre distintos aspectos que pueden evaluarse en un servicio multimedia.

ASPECTO EVALUADO	RESULTADO
Disponibilidad del servicio	El 90 % de las conexiones está disponible
Flujo/velocidad media	10 Mb
Pérdida de datos	3 % del contenido total enviado
Sincronización vídeos y audio	Diferencia de 1-2 segundos en el 50 % de conexiones
Frecuencia pérdida de imágenes	Cada 4 minutos aproximadamente

 Actividades

1. Busque más información sobre distintos aspectos que pueden evaluarse de la calidad de servicios multimedia.

3. Rendimiento y parámetros específicos del servidor multimedia

Supervisar el rendimiento de un servidor es una tarea fundamental para asegurarse de su eficiencia y confiabilidad.

A la hora de la supervisión de un servidor es imprescindible recopilar dos tipos de datos sobre el rendimiento durante un periodo de tiempo:

- **Datos generales de rendimiento:** se trata de la información que puede ser útil para identificar tendencias rápidamente, como podrían ser pérdidas de memoria.
- **Datos de rendimiento de la línea de base:** es información que ayuda a descubrir cambios que suceden más lentamente, con el paso del tiempo. Por ejemplo, cada día se recopila información sobre el servidor, su estado y rendimiento para posteriormente compararlos si en algún momento hay problemas.

Recuerde

Es necesario supervisar el rendimiento de un servidor, asegurarse de su eficiencia y confiabilidad.

En un servidor multimedia los parámetros que deben estudiarse como mínimo son los siguientes:

- La estabilidad del sistema.
- El rendimiento CPU.
- La estabilidad del disco.
- El tráfico de la red.
- La memoria.

Windows Server 2022 dispone de la herramienta **Monitor de recursos y Monitor de rendimiento** para analizar los parámetros anteriormente mencionados y examinar cómo el ejecutar cualquier programa afecta al rendimiento del equipo. Se puede encontrar en el botón de **Inicio** en el apartado de **Herramientas administrativas de** *Windows.*

Al abrir la herramienta se muestran diferentes gráficos sobre el rendimiento de los diferentes recursos del servidor y debajo información detallada sobre cada uno de ellos con solo hacer un clic.

En el panel de la izquierda se encuentran las siguientes opciones:

- **Monitor de rendimiento:** esta utilidad permite visualizar eficazmente datos sobre el rendimiento y los archivos de registro en tiempo real. Haciendo **clic** sobre el botón ✚ puede definirse sobre qué parámetros se quiere obtener información del rendimiento.

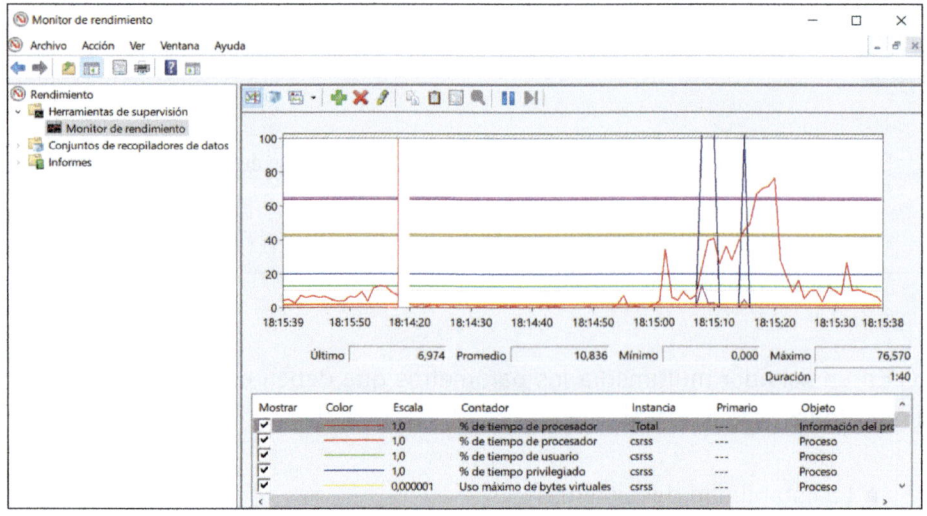

Monitor de rendimiento

- **Monitor de recursos:** facilita información sobre la estabilidad del sistema. Además de mostrarse un gráfico de la estabilidad del servidor, se detallan todos los aspectos y los sucesos que pueden afectar al rendimiento del sistema, como instalaciones y desinstalaciones de *software* o cualquier error producido.

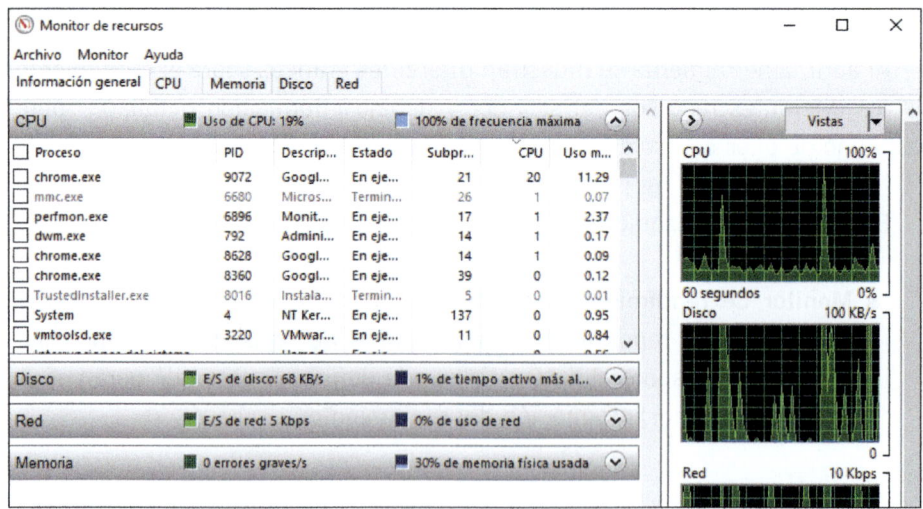

Monitor de confiabilidad

Puede accederse rápidamente introduciendo el nombre de dicha utilidad en el buscador de *Ubuntu.*

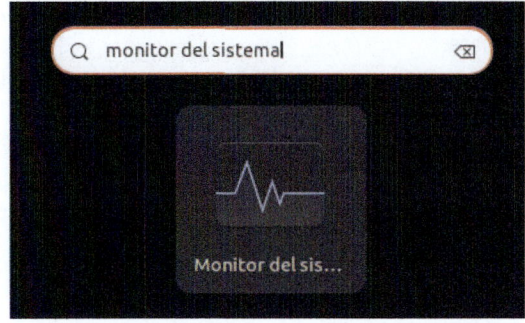

Acceso a monitor del sistema en Ubuntu

La pestaña **Recursos** es el apartado destinado a mostrar gráficamente y mediante datos el rendimiento y la evolución de los distintos recursos, como CPU, memoria y red.

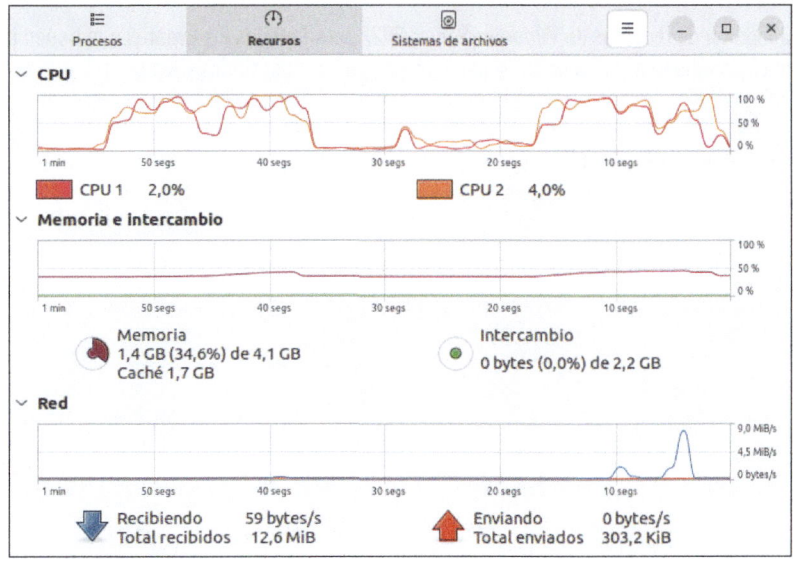

Monitor del sistema en Ubuntu

Actividades

2. Señale en qué se diferencian datos generales de rendimiento y datos de rendimiento de la línea de base.
3. Explore en mayor profundidad el monitor de rendimiento de un equipo servidor mientras realiza servicios multimedia para comprobar su funcionamiento.

Aplicación práctica

En un servidor multimedia con *Windows Server 2022* que facilita contenido multimedia se observa que, tras realizar una serie de instalaciones de *software,* el rendimiento del servicio ha disminuido considerablemente y se producen errores. ¿Cómo puede conocerse qué programas provocan los errores?

SOLUCIÓN

El monitor de recursos de *Windows Server 2022* detalla todos los eventos que tienen impacto en el sistema y muestra en un gráfico los programas instalados y los errores que suceden.

Para abrir **Monitor de recursos** ir al botón de Inicio, **Herramientas de *Windows*** y hacer clic sobre dicha herramienta.

Continúa en página siguiente >>

<< Viene de página anterior

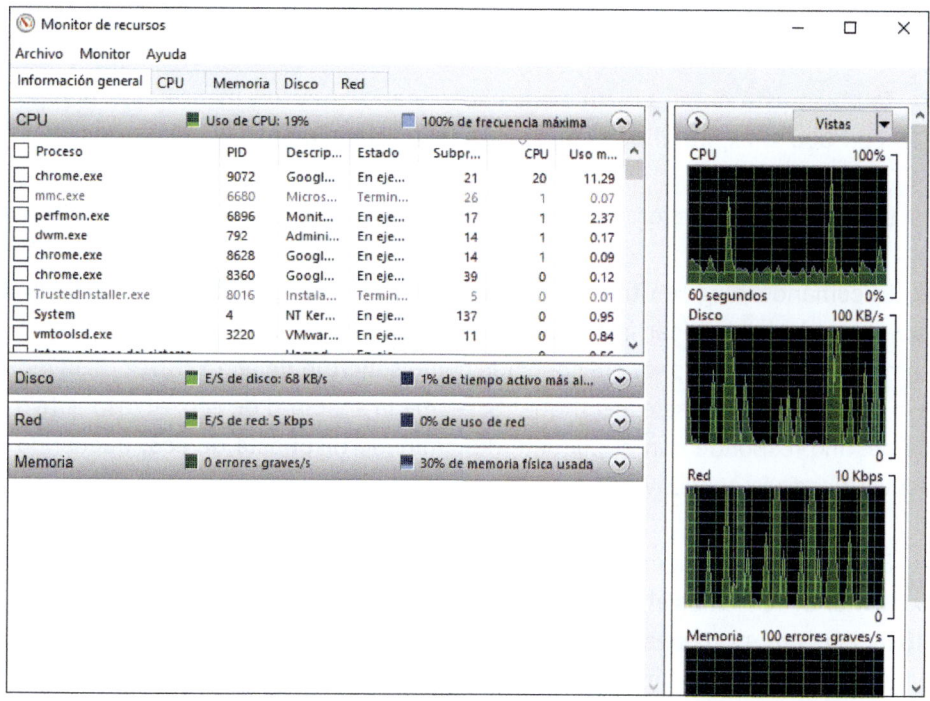

4. Pruebas específicas para servicios multimedia

Para comprobar y realizar pruebas de control sobre el servicio multimedia se utiliza el protocolo ICMP *(Internet Control Message Protocol),* protocolo de reporte de errores que se considera una parte necesaria para implementaciones IP.

Sus objetivos principales son obtener un diagnóstico o control a través de informes de errores. Debido a los escasos controles que realiza el protocolo IP, las notificaciones que facilita ICMP resultan determinantes para conocer errores de conexión y entrega de paquetes.

Mediante mensajes ICMP se controla si un paquete puede llegar a su destino, la conexión a equipos remotos y la cantidad de saltos que atraviesa un paquete para llegar al *host* destino; es decir, se usa para manejar mensajes de error y de control necesarios para los sistemas de red. Conocidos los errores se puede evitar o corregir futuros problemas de conexión.

También está entre sus funciones gestionar o crear un mensaje de tiempo sobrepasado si expira el periodo de vida de un datagrama.

Los tipos de mensajes ICMP son: *ping* y *tracert*.

El comando *ping* se utiliza para comprobar la disponibilidad de un *host* en la red, es decir, verificar la conectividad de extremo a extremo. Al enviar este comando se envía un paquete conocido como **solicitud de eco** a través de la red a la dirección IP que se especifique. Si recibe la solicitud de eco, el dispositivo de destino responde con el paquete denominado **respuesta de eco,** quedando así verificada la conectividad.

El comando *ping* acepta tanto direcciones IP como nombres para realizar la consulta. Si se realiza el *ping* a un nombre, por ejemplo: www.innovacionycualificacion.com, primero se envía un paquete a un servidor DNS para que resuelva el nombre en una dirección IP y, una vez obtenida, se reenvía la solicitud de eco a dicha dirección.

```
C:\Users\yomismo>ping www.innovacionycualificacion.com

Haciendo ping a www.innovacionycualificacion.com [194.149.210.132] con 32 bytes
de datos:
Respuesta desde 194.149.210.132: bytes=32 tiempo=221ms ITL=57
Respuesta desde 194.149.210.132: bytes=32 tiempo=387ms ITL=57
Respuesta desde 194.149.210.132: bytes=32 tiempo=185ms ITL=57
Respuesta desde 194.149.210.132: bytes=32 tiempo=297ms ITL=58

Estadísticas de ping para 194.149.210.132:
    Paquetes: enviados = 4, recibidos = 4, perdidos = 0
    (0% perdidos),
Tiempos aproximados de ida y vuelta en milisegundos:
    Mínimo = 185ms, Máximo = 387ms, Media = 272ms
```

Ping hacia la web www.innovacionycualificacion.com, la dirección IP resuelta y debajo la respuesta de conectividad positiva

El comando *ping* puede también utilizarse con algunas funciones adicionales que se indican en la siguiente imagen.

```
C:\>ping

Uso: ping [-t] [-a] [-n cuenta] [-l tamaño] [-f] [-i TTL] [-v TOS]
          [-r cuenta] [-s cuenta] [[-j lista-host] ¦ [-k lista-host]]
          [-w tiempo de espera] nombre-destino

Opciones:
   -t                Ping el host especificado hasta que se pare.
                     Para ver estadísticas y continuar - presionar Control-Inter;
                     Parar - presionar Control-C.
   -a                Resolver direcciones en nombres de host.
   -n cuenta         Número de peticiones eco para enviar.
   -l tamaño         Enviar tamaño del búfer.
   -f                Establecer No fragmentar el indicador en paquetes.
   -i TTL            Tiempo de vida.
   -v TOS            Tipo de servicio.
   -r cuenta         Ruta del registro para la cuenta de saltos.
   -s count          Sello de hora para la cuenta de saltos.
   -j lista-host     Afloja la ruta de origen a lo largo de la lista- host.
   -k lista-host     Restringir la ruta de origen a lo largo de la lista- host.
   -w tiempo de espera    Tiempo de espera en milisegundos para esperar cada
                     respuesta.

C:\Documents and Settings\Usuario>_
```

El comando *ping-t* es muy utilizado. Realiza una comprobación continua hacia el *host* que se verifica hasta que se finalice el comando.

 **Nota**

Es recomendable que un servidor multimedia tenga una dirección IP estática.

La orden *tracert* proporciona información de conectividad de la ruta que un paquete recorre hasta llegar al destino así como información de cada salto que realiza en el camino.

Tracert puede ayudar a identificar dónde se pierden paquetes o se demora la entrega de estos al devolver una estadística que proporciona el tiempo empleado por un paquete en cada enrutador.

Tracert permite hasta 30 saltos entre el dispositivo de origen y de destino.

Para realizar un *ping* o *tracert* en un sistema *Windows* hay que abrir la utilidad **Símbolo del sistema.**

Se puede abrir a través de la opción de búsqueda de *Windows,* escribiendo cmd.

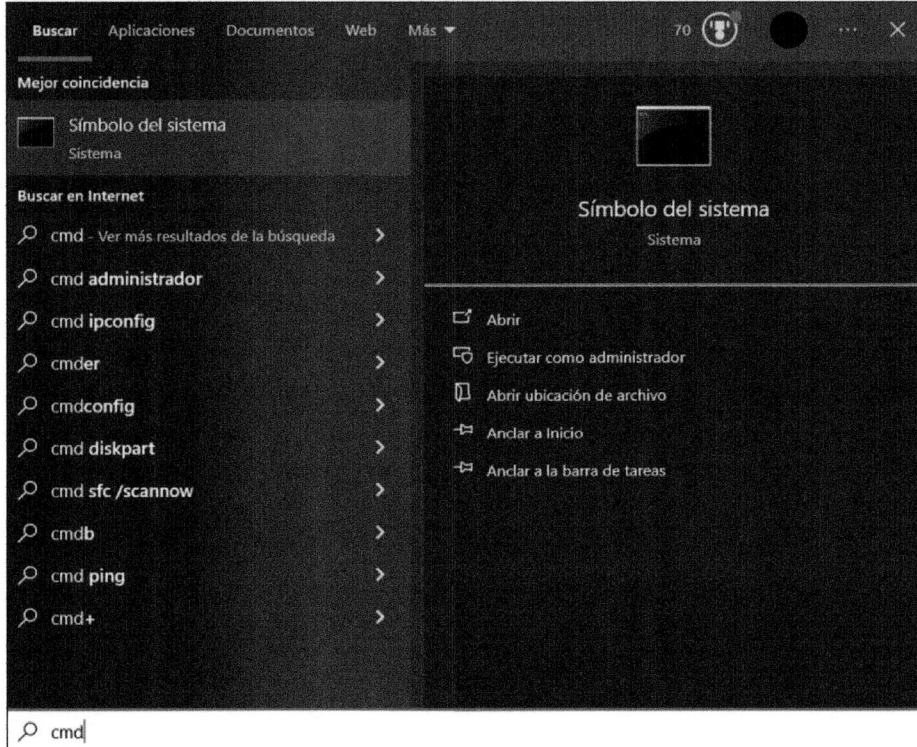

Ambas formas de acceder a Símbolo del sistema en Windows

Una vez abierto **Símbolo del sistema** (consola de comandos de MS-DOS), escribir *ping* o *tracert,* según la comprobación que se desea realizar, y a continuación la dirección IP o el nombre del *host* de destino.

Ejemplos:

- *Tracert* a un servidor multimedia con la dirección IP 192.235.52.122:

```
C:\Users\yomismo>tracert 195.235.52.122

Traza a 195.235.52.122 sobre caminos de 30 saltos como máximo.

  1     12 ms     11 ms     10 ms   10.201.64.1
  2      9 ms     10 ms     17 ms   10.127.54.137
  3     23 ms     24 ms     23 ms   70.Red-81-46-8.staticIP.rima-tde.net [81.46.8.70
]
  4      *         *         *      Tiempo de espera agotado para esta solicitud.
  5     43 ms     37 ms     *       54.Red-81-46-13.staticIP.rima-tde.net [81.46.13.
54]
  6     46 ms     41 ms     36 ms   198.Red-81-46-14.staticIP.rima-tde.net [81.46.14
.198]
  7     38 ms     37 ms     37 ms   195.235.52.122

Traza completa.
```

Al realizar un *tracert* a la dirección 192.235.52.122 se observa cómo se realizan siete saltos hasta llegar al servidor.

- *Ping* continuo al *host* Yomismohp:

```
C:\Users\yomismo>ping -t yomismohp

Haciendo ping a yomismohp [192.168.0.124] con 32 bytes de datos:
Respuesta desde 192.168.0.124: bytes=32 tiempo=180ms TTL=128
Respuesta desde 192.168.0.124: bytes=32 tiempo=134ms TTL=128
Respuesta desde 192.168.0.124: bytes=32 tiempo=131ms TTL=128
Respuesta desde 192.168.0.124: bytes=32 tiempo=92ms TTL=128
Respuesta desde 192.168.0.124: bytes=32 tiempo=112ms TTL=128
Respuesta desde 192.168.0.124: bytes=32 tiempo=79ms TTL=128
Respuesta desde 192.168.0.124: bytes=32 tiempo=90ms TTL=128
Respuesta desde 192.168.0.124: bytes=32 tiempo=120ms TTL=128
Respuesta desde 192.168.0.124: bytes=32 tiempo=258ms TTL=128
Respuesta desde 192.168.0.124: bytes=32 tiempo=144ms TTL=128
Respuesta desde 192.168.0.124: bytes=32 tiempo=217ms TTL=128
Respuesta desde 192.168.0.124: bytes=32 tiempo=167ms TTL=128
Respuesta desde 192.168.0.124: bytes=32 tiempo=169ms TTL=128
Respuesta desde 192.168.0.124: bytes=32 tiempo=48ms TTL=128
Respuesta desde 192.168.0.124: bytes=32 tiempo=140ms TTL=128
Respuesta desde 192.168.0.124: bytes=32 tiempo=237ms TTL=128
Respuesta desde 192.168.0.124: bytes=32 tiempo=207ms TTL=128
```

En las distribuciones de *Linux* el proceso es muy similar. En primer lugar, abrir la ventana **Terminal.**

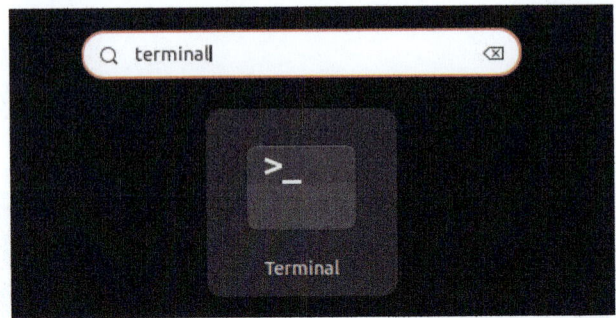

Terminal de Linux Ubuntu

Una vez abierta escribir *ping* y a continuación la dirección IP o el nombre del *host* de destino.

Para realizar un *tracert,* las distribuciones Linux emplean el comando *traceroute.* Por lo tanto, escribir el comando *traceroute* y a continuación la dirección IP o el nombre del *host* de destino.

Ejemplo:

- *Ping* a la dirección IP 127.0.0.1:

```
fran@ubuntu22: ~
fran@ubuntu22:~$ ping 127.0.0.1
PING 127.0.0.1 (127.0.0.1) 56(84) bytes of data.
64 bytes from 127.0.0.1: icmp_seq=1 ttl=64 time=0.041 ms
64 bytes from 127.0.0.1: icmp_seq=2 ttl=64 time=0.033 ms
64 bytes from 127.0.0.1: icmp_seq=3 ttl=64 time=0.039 ms
64 bytes from 127.0.0.1: icmp_seq=4 ttl=64 time=0.025 ms
^C
--- 127.0.0.1 ping statistics ---
4 packets transmitted, 4 received, 0% packet loss, time 3053ms
rtt min/avg/max/mdev = 0.025/0.034/0.041/0.006 ms
fran@ubuntu22:~$
```

Para finalizar el *ping* a la dirección IP pulsar la combinación de teclas [Ctrl] + [C].

Recuerde

Para conocer los saltos hasta el host de destino en un sistema *Windows* se utiliza el comando *tracert,* mientras que en las distribuciones *Linux* es *traceroute.*

Actividades

4. Realice un *tracert* a la dirección IP de un equipo servidor y compruebe los saltos que se realizan.

Aplicación práctica

En una red local que dispone de los equipos que se indican en la siguiente tabla, ¿cómo se puede comprobar rápidamente si están arrancados y disponibles en la red el servidor y el host 3?

Host1	192.168.0.65
Host2	192.168.0.97
Host3	192.168.0.46
Host4	192.168.0.13
Host5	192.168.0.24
Servidor	192.168.0.21

SOLUCIÓN

Lo más sencillo es utilizar el comando ping por medio de la dirección IP o nombre.

El primer paso es abrir la consola de comandos, en *Windows* la utilidad **Símbolo del sistema,** y a continuación introducir: ping servidor o ping 192.168.0.21.

Continúa en página siguiente >>

<< Viene de página anterior

Para el otro equipo introducir: *ping host3* o p*ing* 192.168.0.46.

Si la respuesta es *host* **de destino inaccesible** se deduce que no tiene conexión a red o que
no está encendido. Mientras que si se devuelve una respuesta positiva, está disponible en
la red.

5. Disponibilidad de servicios multimedia

Mediante la administración del rendimiento de la red es posible llevar un control del estado y la disponibilidad de los servicios multimedia. Para conocer al detalle la disponibilidad de los servicios multimedia se debe trabajar en monitorizar la red y en analizar los resultados.

La monitorización trata de recolectar toda la información y el comportamiento de la red mediante herramientas como las vistas en apartados anteriores, prestando especial atención a los siguientes aspectos:

- El ancho de banda utilizado por cada elemento transmitido individualmente y colectivamente.
- Observar el tipo de tráfico que circula por la red, así se obtiene información sobre los servicios de red más utilizados y se puede asignar un patrón de uso de la red.
- Porcentaje de transmisión y recepción de información. También es importante conocer qué elementos de la red reciben y atienden más peticiones.
- Puertos y servicios utilizados.

Una vez recopilada la información, es el momento de analizar los resultados, es decir, interpretar su comportamiento y a partir de ahí tomar medidas para solucionar problemas o situaciones anómalas.

Por ejemplo, si se detecta que un elemento tiene una elevada utilización se puede decidir aumentar el ancho de banda o tomar otras medidas para evitar saturaciones.

Una de las herramientas más utilizadas para analizar protocolos y solucionar problemas en redes de comunicaciones es *Wireshark,* un *software* de código abierto y licencia GPL.

Definición

GPL

Licencia que garantiza a los usuarios del software la libertad de utilizarlo, compartirlo y modificarlo.

Realiza capturas de cada dato que se transmite por la red e informa y realiza sumarios de cada paquete.

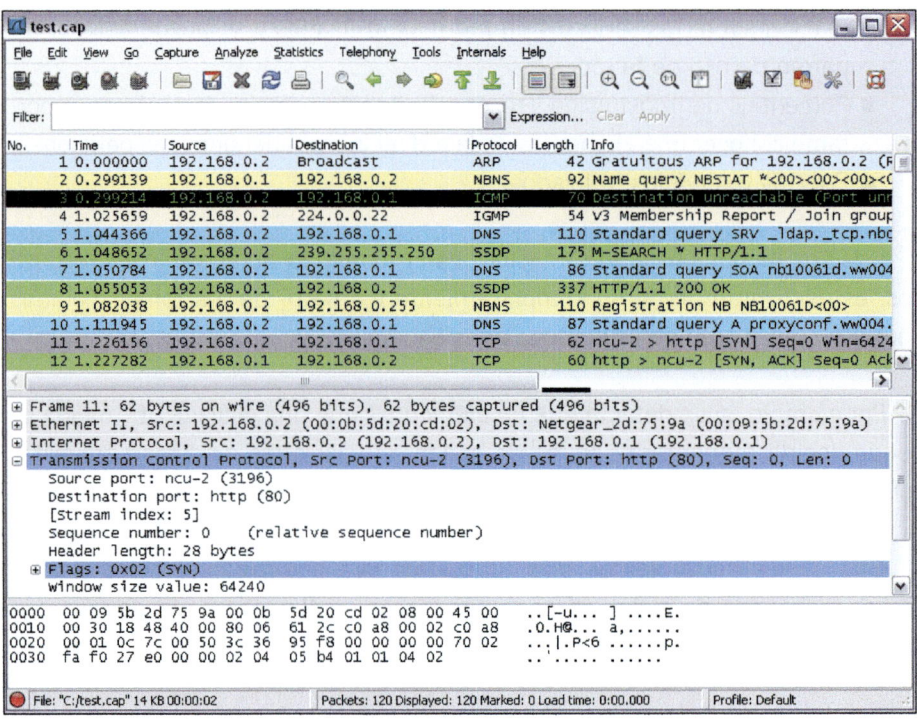

Capturas realizadas con Wireshark

Actividades

5. Instale en un equipo conectado a una red la herramienta *Wireshark* y examine los datos y la información facilitados por dicho *software*.

6. Alta disponibilidad en servicios de transferencia de archivos multimedia

Con **alta disponibilidad** se hace referencia a la posibilidad de que el servidor pueda atender todas las peticiones a cualquier hora del día y desde cualquier lugar, es decir, mantener operativo en todo momento el servicio multimedia. Es indispensable disponer de un sistema fiable, seguro y fácil de mantener si se desea establecer un sistema de alta disponibilidad.

Para disponer de alta disponibilidad se configura lo que se denomina un **sistema redundante,** dos o más servidores conectados y configurados de tal forma que siempre uno de ellos está funcionando y, en caso de que se produzcan errores o problemas que le hagan dejar de funcionar, se active tan rápido como sea posible otro que se encontraba inactivo o en espera.

Con este sistema, aun en el peor de los casos, como podría ser la rotura de un disco duro del servicio de transferencia multimedia, puede seguir funcionando sin problemas.

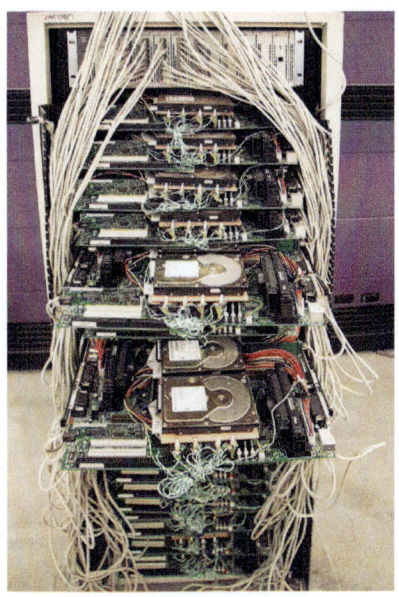

Ejemplo de servidores conectados formando un sistema redundante (© Fotografía: Steve Jurvetson Vía Web - CC BY 2.0)

La alta disponibilidad se divide en dos tipos:

- **Alta disponibilidad de *hardware:*** redundancia de *hardware.* Dado que un servidor multimedia de estas características debe estar funcionando siempre, sufre un desgaste importante en sus componentes. En un sistema clúster, si se produce cualquier error de *hardware* en alguno de los equipos, es posible cambiar el *hardware* en caliente.
  Definición. Clúster: sistema que se basa en unir varios servidores simulando y trabajando como si se tratase de uno.
- **Alta disponibilidad de *software:*** si se produce un error en cualquier aplicación, los equipos del clúster deben estar preparados para iniciar automáticamente los servicios que han fallado.

Una vez recuperado el equipo inicial, los datos y los servicios son migrados; así se evitan pérdidas, se garantiza la integridad de la información y se evitan molestias a los usuarios clientes.

También hay que tener en cuenta la redundancia de los **componentes de red,** ya que de nada serviría tener servidores redundantes si los componentes de red fallasen.

Los componentes de red más habituales son: *routers, switches,* tarjetas de red, cables de red y líneas de conexión; los cuales pueden fallar en cualquier momento y dejar totalmente inactivo el sistema.

Una técnica muy utilizada para evitar este riesgo es configurar la red con la posibilidad de establecer rutas diferentes pero con el mismo destino. En el siguiente esquema se muestra cómo están interconectados varios dispositivos, teniendo así la posibilidad de seguir diferentes rutas en caso de que deje de funcionar algún componente.

Esquema redundante de componentes de red

Internet

Línea 1   Línea 2

Router 1   Router 2

Switch 1   Switch 2

Servidor

Eth0   Eth1

bond 0

Bonding

Actividades

6. Investigue en internet acerca de las distintas arquitecturas que pueden realizarse mediante sistemas redundantes.

7. Resumen

Facilitar una calidad de servicio (QoS, *quality of service)* óptima para los usuarios o clientes es un aspecto fundamental. QoS o calidad de servicio es el rendimiento medio de una red de dispositivos informáticos o telefónicos.

La calidad de servicio (QoS), en el caso de un sistema de servicios multimedia, influye principalmente en los siguientes aspectos: planificación de la CPU, planificación de red y planificación de disco.

Supervisar el rendimiento de un servidor es una tarea fundamental para asegurarse de su eficiencia y confiabilidad. A la hora de la supervisión de un servidor es imprescindible recopilar dos tipos de datos sobre el rendimiento durante un periodo de tiempo: datos generales de rendimiento y datos de rendimiento de la línea de base.

Para comprobar y realizar pruebas de control sobre el servicio multimedia se utiliza el protocolo ICMP *(Internet Control Message Protocol),* protocolo de reporte de errores que se considera una parte necesaria para implementaciones IP. Los tipos de mensajes ICMP son *ping* y *tracert.*

Con "alta disponibilidad" se hace referencia a la posibilidad de que el servidor pueda atender todas las peticiones a cualquier hora del día y desde cualquier lugar, es decir, mantener operativo en todo momento el servicio multimedia. Para disponer de alta disponibilidad se configura lo que se denomina un "sistema redundante".

Ejercicios de repaso y autoevaluación

1. El protocolo ICMP emplea los comandos _____ y _____.

2. Para disponer de alta disponibilidad en un entorno de servidores y clientes se configura lo que se denomina un sistema _____.

3. ¿Para qué se utiliza el comando ping-t?

   _____

   _____

4. ¿Cuáles de las siguientes afirmaciones son ciertas sobre QoS?

   a. Es el rendimiento medio de una red de dispositivos informáticos o telefónicos.
   b. Es una licencia que garantiza a los usuarios de un software la libertad de utilizarlo, compartirlo y modificarlo.
   c. También se conoce como "calidad de servicio".
   d. Todas las opciones anteriores son incorrectas.

5. ¿Qué dos técnicas se pueden utilizar para reducir los requisitos de ancho de banda?

   _____

   _____

6. La monitorización de red trata de recolectar toda la información y el comportamiento de la red mediante herramientas.

   ☐ Verdadero
   ☐ Falso

7. ¿Qué es ICMP?

    a. Una de las herramientas más utilizadas para analizar protocolos y solucionar problemas en redes de comunicaciones.

    b. Un sistema que se basa en unir varios servidores simulando y trabajando como si se tratase de uno.

    c. Un protocolo de reporte de errores que se considera una parte necesaria para implementaciones IP.

    d. Todas las opciones anteriores son incorrectas.

8. Complete la siguiente afirmación.

Una de las herramientas más utilizadas para analizar protocolos y solucionar problemas en redes de comunicaciones es _____, un software de código abierto y licencia _____.

9. En un sistema multimedia, ¿qué aspectos de calidad de servicio influyen?

    a. Planificación de la CPU.

    b. Planificación de estabilidad.

    c. Planificación de red.

    d. Planificación de disco.

10. ¿Qué técnica es conocida por emplear el buffer de los clientes para enviarle datos mientras reproduce?

_____

_____

11. La técnica para interconectar varios _____ haciendo que funcionen como solo uno se conoce como RAID.

12. **El comando ping se puede utilizar con...**

    a. ... direcciones IP.
    b. ... direcciones de tarjeta de red (NIC).
    c. ... nombre del host en la red.
    d. ... solo servidores.

13. **El monitor de recursos en *Windows Server 2022* permite visualizar eficazmente datos sobre el rendimiento y los archivos de registro en tiempo real.**

    ☐ Verdadero
    ☐ Falso

14. **¿Qué parámetros deben estudiarse en un servidor multimedia?**

    ▮ La estabilidad del sistema.
    ▮ El tráfico de la red.
    ▮ El formato de los archivos.
    ▮ El rendimiento CPU.
    ▮ La estabilidad del disco.
    ▮ La memoria.
    ▮ El contenido de los archivos.

15. **Mediante la técnica _____ se envían datos por adelantado al servidor y se aprovechan los tiempos en los que el sistema está inutilizado.**

Bibliografía

Monografías

■ GARCÍA Sánchez, A., ENAMORADO Sarmiento, L. y SANZ Rodríguez, J.: *Servicios de red e Internet: Técnico superior en administración de sistemas informáticos en red.* Madrid: Garceta, 2011.

■ HUIDOBRO, J.M.: *Telecomunicaciones: Tecnologías, redes y servicios.* Madrid: RA-MA, 2010.

■ MORENO Pérez, J.C.: *Sistemas informáticos y redes locales.* Madrid: RA-MA, 2012.

■ VV. AA.: *Gestión de servicios en el sistema informático.* Madrid: Valbuena (Adams), 2013.

■ VV. AA.: *Redes locales 2012.* Madrid: Macmillan Heinemann, 2012.

■ VV. AA.: *Servicios en red.* Madrid: Ediciones Paraninfo, 2010.

■ VV. AA.: *Servicios en red.* Madrid: Editex, 2010.

■ VV. AA.: *Servicios en red.* Madrid: Macmillan Heinemann, 2013.

Textos electrónicos, bases de datos y programas informáticos

▌ Linux Hispano, de: <http://www.linuxhispano.net>.

▌ Microsoft, de: <http://www.microsoft.com/es-es>.

▌ Sistemas CISCO, de: <http://www.cisco.com>.

▌ Ubuntu Server, de: http://help.ubuntu.com/>.